AF362439

Description abrégée

DES

POSSESSIONS

ANGLOISES ET FRANÇOISES

DU

CONTINENT SEPTENTRIONAL

DE

L'AMERIQUE.

DESCRIPTION ABRÉGÉE

DES

POSSESSIONS

ANGLOISES

ET

FRANÇOISES

DU

CONTINENT SEPTENTRIONAL

DE

L'AMÉRIQUE,

Pour servir d'Explication à la Carte

publiée sous ce même Titre,

PAR

J. PALAIRET,

Agent de L. L. H. H. P. P., les Etats Généraux des
Provinces Unies, &c.

TROISIE'ME EDITION.

A LONDRES { Chez Messrs. *J. Nourse*, *P. Vaillant*, *A. Millar* & *J. Roc-
que*, dans le Strand; *J. Ward*, vis-à-vis de la Bourse;
Chastell, dans Compton Street, Soho; *Dunoyer*, dans le
Hay-Market; & *J. Chapelle*, dans Grsvenor-Street.
A DUBLIN, chez Mr. *J. Rocque*.
A LA HAYE, chez Mr. *P. Gosse*, Junior.
A AMSTERDAM, chez Mr. *J. Lacaze*.
A BERLIN, chez Mr. *J. Néaulme*.

1756.

[Le prix est de 12 sous.]

L A Carte des POSSESSIONS AN-
GLOISES & FRANÇOISES du
continent de l'Amérique feptentrionale, que je viens de publier,
eft la XIVme de mon *Atlas Méthodique.* Je
n'avois d'abord nullement deffein de la donner féparément; mais je m'y fuis trouvé obligé pour des raifons particulières. La manière dont je l'ai fait enluminer , facilitera la
connoiffance de ce qui appartient fans con-
teftation aux Anglois & aux François , les
païs qui font aujourd'hui matiére de difpute
entre ces deux nations, & les Forts que les
François ont bâtis , ou pris au milieu des colonies Angloifes , & dans les païs que les Anglois
reclament. La ligne rouge, qui traverfe la Nouvelle York , la Nouvelle Angleterre & la
Nouvelle Ecoffe , montre ce que la France
s'approprie au Nord de ces trois provinces.
Les fept lignes jaunes , tirées horifontale-
ment , marquent l'étendue que ces provinces
auroient pû avoir vers l'Oueft , aux termes
des chartres accordées par les Rois d'Angleterre , aux premiers propriétaires de cette
nation. Il ne refte plus , pour avoir une in-
tel-

telligence fatisfaifante de cette Carte , qu'à
donner une defcription géographique & hif-
torique des colonies de ce continent ; c'eft
ce que je vai faire avec impartialité , & le
plus briévement qu'il me fera poffible. Je
renvoie le Lecteur , pour ce qui regarde la
Floride , le Nouveau Méxique, la Nouvelle
Éfpagne, & les îles Antilles, &c., au troi-
fiéme Tome de mon *Introduction à la Géographie moderne.*

N. B. *Pour éviter les répétitions inutiles , j'ai fim-
plement indiqué la fituation des lieux , par les
termes Nord , Sud , Eft , Oueft , &c. , fans
nommer l'endroit à l'égard duquel le dernier
lieu eft fitué : cela eft fous-entendu.*

L'AMÉRIQUE
SEPTENTRIONALE.

CEtte partie du Nouveau Monde comprend les païs qui suivent.

NOUVELLE BRETAGNE,

CANADA.

LOUISIANE.

POSSESSIONS ANGLOISES.

NOUVEAU

ME'XIQUE.

FLORIDE.

ME'XIQUE,

ou

NOUVELLE

ESPAGNE.

A 4　　　　　LA

LA
NOUVELLE BRETAGNE,
ou *le* LABRADOR.

CE païs eſt borné au Nord, par la baie & le
détroit de Hudſon, qui le ſéparent des terres
polaires arctiques; à l'Orient par la Mer du Nord,
au Sud par le Canada & le golfe de St. Laurent,
& au Couchant par des terres inconnues. Il eſt entre les 49 & 64 degrés de latitude ſeptentrionale.

Il a reçu des Anglois le nom de *Nouvelle Bretagne :* la partie qui eſt à l'Orient de la baie de
Hudſon, a reçu des Eſpagnols celui de *Labrador ;*
& celui des *Eſquimaux*, d'un peuple ſauvage, qui
en habite le Sud - Eſt.

L'air y eſt extrémement froid, & le terroir ſi
entrecoupé de bois, de rivières & de montagnes,
qu'il eſt peu connu: mais il y a apparence qu'il
n'eſt guère peuplé, & que ſes habitans ne tirent
leur ſubſiſtance que des peaux de caſtor & d'ori-
gnac, qu'ils vendent aux Anglois, qui ont des
Forts ſur la baie de Hudſon. Les Sauvages reçoi-
vent en échange de leurs pelleteries, des armes,
des munitions, des chaudiéres, des liqueurs fortes, de gros draps, & de la clincaillerie. On ne
connoit que les côtes de ce grand païs. La Nouvelle Bretagne conſiſte proprement en cette étendue

due de païs, féparé en deux parties par la baie de Hudfon; l'une *Orientale*, & l'autre *Occidentale*.

L'Occidentale eft la principale, & comprend *New North - Wales*, *New South - Wales* & *New-Saverne*.

La Compagnie de Hudfon y établit un commerce pour la pelleterie, fous le régne de Charles II, Roi d'Angleterre, l'an 1681, qui lui eft aujourd'hui fort avantageux. Les François ont eu fur la même baie, des établiffemens pour le même commerce, qui leur a été auffi fort profitable. Ceux-ci, jaloux & mécontens du voifinage des Anglois, s'y font oppofés de tout leur pouvoir. Ils ont été alternativement maîtres de cette baie. La difpute a été enfin terminée par la paix d'Utrecht, en faveur des derniers, qui y ont les Factoreries, ou Forts de *Churchil* au N. Ou., de *Hayes* au S., d'*York* au S., de la *Nouv. Saverne* au S. E., d'*Albanie* au S. E., d'*Henley* à l'Ou., de *Moofe* au S. E., de *Rupert* au S. E.; d'*E: Main* & de *Richmond* à l'E. Il faut que les profits que la Compagnie fait, foient bien grands, puifque les deux nations, qui s'en font fouvent difputé la poffeffion, ne fe font point rebutées du froid extrème qu'il y fait, & qui, pendant fept ou huit mois, les retient comme en prifon dans leurs maifoas; la nège y tombant ordinairement de dix, ou douze pieds de hauteur; la mer s'y glaçant prefqu'à la même épaiffeur. Ce païs ne fournit abfolument rien pour les befoins des habitans de ces riches, mais malheureufes colonies.

A 5

La

La *Baie de Hudson* eſt ce grand golfe de la mer du Nord, entre la Nouvelle Bretagne & les Terres Arctiques. On dit que *Frederic Anſchild*, Danois, fut le premier qui la découvrit, en cherchant un paſſage par le Nord-Oueſt, pour aller aux Indes Orientales: mais elle porte le nom de *Henri Hudſon*, Anglois, qui y alla en 1612. dans le même deſſein que le Danois. Il périt dans ce voyage. Depuis 1742. on a fait divers voyages dans cette mer, pour tâcher de découvrir ce qu'Anſchild & Hudſon ont cherché inutilement. Il ſemble néanmoins que les Anglois ne déſeſpérent pas d'y réuſſir.

L E S

POSSESSIONS ANGLOISES.

CE païs eſt une grande côte, bornée au Nord par la rivière & le golfe de St. Laurent, à l'Eſt par la Mer du Nord, au Sud par la preſqu'île de Floride, & à l'Oueſt par les riviéres de Miſſiſſipi & d'Illinois, le lac Michigan & le Canada : mais les Anglois font aller leurs prétentions depuis les 29 juſqu'au 48 degrés de latitude Septentrionale, & depuis la Mer du Nord juſqu'à celle du Sud, ou Mer Pacifique.

Cette côte comprend, du Nord-Eſt au Sud-Oueſt, les provinces ſuivantes :

Nouvelle Ecoſſe.

N. Angleterre.

N. York.

N. Jerſey.

Penſil-

-vanie.

Maryland.

Virginie.

Caroline.

Georgie.

La NOUVELLE ECOSSE.

La Nouvelle Ecoffe eft bornée à l'Oueft & au Nord par la rivière St. Laurent, à l'Eft par le golfe de St. Laurent & la mer du Nord, au Sud par la même mer & au S. Ou. par la Nouv. Angleterre. Elle eft entre les 43 & 49 degrés de latitude feptentrionale; c'eft-à-dire, qu'elle contient cette étendue de terre, comprife entre la Nouvelle Angleterre, la rivière & le golfe de St. Laurent & la mer du Nord. Ces bornes font précifément les mêmes, qui font marquées dans la conceffion que Jaques I, Roi de la Grande Bretagne, fit en faveur du Chevalier Guillaume Alexander, &c. On peut la voir en Latin dans *Purchas's Pilgrimage*; en voici l'extrait en François pour la fatisfaction des curieux:

" JAQUES, par la grace de Dieu, Roi, &c,
" à tous les Eccléfiaftiques & Laïques de fes do
" maines, Salut.

" Faifons favoir, que nous avons toûjours été
" foigneux d'embraffer toutes les occafions qui fe
" font offertes, à l'honneur & à l'avantage de no
" tre royaume d'Ecoffe, & que nous penfons qu'il
" n'y a point d'acquifition plus aifée & plus inno
" cente, que celles qu'on peut faire, en condui
" fant de nouvelles colonies dans les païs éloignés
" & incultes, où fe trouvent les chofes néceffaires
" à la vie; furtout fi ces terres font, ou inhabi
" tées, ou occupées par des infidelles, qu'il eft
" très

" très important pour la gloire de Dieu, de con-
" vertir à la foi Chrétienne, &c.

" A ces cauſes, de même qu'en conſéquence des
" bons, fidelles & agréables ſervices que nous a
" rendus & rendra notre amé & féal Conſeiller,
" le Sieur Guillaume Alexander, Chevalier, qui
" eſt le premier de nos ſujets d'Ecoſſe, lequel aît
" entrepris de conduire à ſes propres fraix, cette
" colonie étrangère; & aît demandé de cultiver
" les terres & païs enfermés dans les limites ci-
" deſſous déſignées. Nous donc, par un effet
" de notre Royale attention à étendre la religion
" Chrétienné & à procurer l'opulence, la proſpé-
" rité & la paix des ſujets naturels de notre dit
" Royaume d'Ecoſſe . . . . de l'avis & du con-
" ſentement de notre Couſin & Conſeiller Jean,
" Comte de Marr, &c., & des autres Seigneurs com-
" miſſaires de notre dit Royaume, Avons donné,
" concédé, & tranſporté, & en vertu de ce pré-
" ſent Acte émané de Nous, Nous donnons, con-
" cédons & tranſportons au dit Sieur Guillaume
" Alexander, à ſes héritiers, ou ayant cauſes quel-
" conques par droit d'héritage, toutes & chacune
" des terres du continent & les îles ſituées & gi-
" ſantes en Amérique, à prendre du cap, ou pro-
" montoire, nommé cap de Sable, à quarante trois
" degrés, ou environ, de la ligne, vers le ſep-
" tentrion, c'eſt-à-dire, depuis le dit promontoi-
" re vers le rivage de la mer qui conduit à l'Oc-
" cident juſqu'à la Baye Sainte Marie, & de-là
" avançant au ſeptentrion en ligne droite, l'en-
" trée, ou embouchure de cette grande baye qui
" bai-

" baigne la côte orientale, entre les païs des
" Souriquois & des Etchemins, juſqu'à la rivière
" de Ste. Croix, & à la ſource, ou ſontaine la
" plus éloignée, qui de l'Occident vient la pre-
" mière mêler ſes eaux à celles de cette rivière:
" d'où par une ligne droite imaginaire qu'on ſup-
" poſera traverſer les terres, ou courir vers le
" ſeptentrion, juſqu'à la première baye, rivière,
" ou fontaine qui ſe décharge dans le grand fleu-
" ve de Canada : & de - là continuant vers l'O-
" rient, à la mer, le long des côtes du dit fleuve
" de Canada, juſqu'à la rivière, baye, port, ou
" parage, vulgairement connu ſous le nom de
" Gachepe, ou Gaſpie : & enſuite du côté du
" Sud-Eſt, juſqu'aux îles appellées Bacalaos, ou
" Cap Breton ; laiſſant à la droite les dites îles,
" & à la gauche le golfe du dit grand fleuve de
" Canada, ou de la grande baye, & les terres
" de New-found-land, ou Terre-Neuve, avec les
" îles qui leur appartiennent : & enſuite paſſant au
" ſuſdit cap, ou promontoire de Cap Breton, ſi-
" tué à quarante cinq degrés de latitude, ou en-
" viron, & depuis le dit promontoire de Cap Bre-
" ton, tournant au Midi & à l'Occident, juſqu'au
" cap de Sable ci-deſſus mentionné, où commen-
" ce la marche qui doit être enfermée & compri-
" ſe entre les dites côtes de la mer & leurs circon-
" férences, depuis la mer juſques à toutes les ter-
" res du continent, avec les rivières, baies, tor-
" rens, parages, îles, ou lacs, ſitués à environ
" ſix lieues de quelqu'une des parties & des mê-
" mes côtes & de leurs enceintes, ſoit à l'Occi-
" dent, au Septentrion, ou à l'Orient ; & depuis
" le

" le Sud-Eſt (ainſi qu'eſt ſitué le Cap Breton) &
" de la partie méridionale, où eſt le cap de
" Sable, toutes les mers & îles du côté du Midi,
" à quarante lieues des dites côtes, y comprenant
" la grande île communément appellée île de Sa-
" ble, ou des Sablons, ſituée vers Carban, ou
" Sud-Sud-Eſt, à environ trente lieues du dit Cap
" Breton, dans la mer, & ſous le quarante qua-
" trième degré de latitude, ou environ: toutes
" leſquelles ſuſdites terres porteront à l'avenir le
" nom de Nouvelle Ecoſſe.

" Leſquelles auſſi le ſurnommé Sieur Guillaume
" Alexander diviſera en parties & portions, ainſi
" qu'il jugera à propos, & leur donnera les noms
" que bon lui ſemblera. Enſemble avec toutes
" les mines tant Royales d'or & d'argent, qu'au-
" tres mines de fer, de plomb, de cuivre, d'é-
" tain, d'airain, &c.

" En témoignage de quoi Nous avons fait ap-
" poſer notre grand ſceau à cette patente émanée
" de Nous en préſence de nos dits Couſins &
" Conſeillers, Jacques, Marquis de Hamilton....
" George, Comte de Keith .... Alexandre,
" Comte de Dumferling, notre Chancelier, Tho-
" mas, Comte de Melros, &c. Secrétaire de
" nos amés les Conſeillers privés; le Sieur Ri-
" chard Kokburne, Garde du ſceau privé & au-
" tres. . . . . .

" Donné dans notre château de Windſor, le
                              ,, 10me

“ 10me jour de Septembre, l'an du Seigneur 1621, “ de nos régnes le 55me & le 19me. ”

Les Auteurs & les Géographes François moder-nes donnent à cette province des bornes bien plus étroites; ils ne laiſſent aux Anglois que la penin-fule d'Acadie, & une très petite partie de païs au Nord de la baie de Fundi & de l'iſthme. Voyez ma Carte des *Poſſeſſions Angloiſes & Françoiſes de l'Amérique Septentrionale*, & celles de *Deliſle d'An-ville & de Robert*. Les Mémoires, publiés depuis peu par ordre de la Cour de France, en 3 vol. 4to. plus auténtiques que ces Géographes, rédui-ſent à moins de la moitié les prétentions des An-glois ſur la preſqu'île d'Acadie. La Cour d'Angle-terre en va publier d'autres en François & en An-glois, avec des piéces, omiſes dans ceux des François, que le Lecteur pourra conſulter, pour ſe mettre mieux au fait du ſujet de la diſpute en-tre ces deux nations.

Cette province a reçu divers noms des divers propriétaires qu'elle a eus: celui d'*Acadie* lui fut donné par les François, & celui de *Nova Scotia* par les Anglois. Elle a été enſuite nommée indif-féremment Acadie, ou Nouvelle Ecoſſe; voyez *La Hontan*, la *Conceſſion* que Louïs XIII. en fit ſous ce nom à divers propriétaires, & l'article 12me du *Traité d'Utrecht*.

Les Anglois n'ont point d'établiſſement en Amé-rique qui ait été plus ſujet à diſpute, & qui ait chan-

changé plus fouvent de maître que celui-ci. Tantôt il a été aux François, & tantôt aux Anglois.
Ces derniers s'en font attribué la propriété par la
découverte qu'en fit *Cabot* l'an 1497, fous le régne
de Henri VII : c'eft pourquoi il a fait, dès le commencement, partie de la Virginie ; & la Compagnie
d'Occident, en vertu de la chartre qu'elle obtint
de Jaqües I, donna des ordres précis à ceux qu'elle avoit à fon fervice, d'empêcher qu'aucun étranger ne s'y établit fous quelque prétexte que ce fut.

Cent cinq ans fe pafsèrent, depuis la découverte
des Cabots, fans qu'on y fit aucun établiffement.
Les Anglois tentèrent d'y en faire un en 1602 : n'y
ayant pas réuffi, les François jugèrent apparem-
ment que la province étoit abandonnée des Anglois, & s'en étant emparés, ils la comprirent dans
la Nouvelle France, ou Canada. En 1604 ils jet-
tèrent dans la peninfule les fondemens d'une colonie fous la conduite de Mr. *de Monts*, & y bâtirent le *Port-Royal*, aujourd'hui *Annapolis-Royale*,
& en 1613 ils en établirent une autre à l'embouchure de la rivière *Pentagoet*, ou *Penobfcot*, fous
le régne de Henri IV, leur Roi. A peine les nouveaux colons avoient eu le tems de fe fixer, que
le Chevalier *Samuel Argal*, alors Gouverneur de
la Virginie, ayant apris des Indiens, qu'il y avoit
des blancs dans différens endroits de la province,
s'y tranfporta en 1618, & y ayant trouvé des François, qui avoient bâti des Forts, il les en chaffa,
& détruifit leurs habitations.

L'an 1621 Jaques I accorda au Chevalier Guil-
B
laume

laume Alexander des lettres d'octroi, par lesquel-
les il lui donna toutes les terres de cette province
avec les iles de son voisinage. Ce Chevalier y envoya une colonie, & Charles I. créa dans la suite
pour cette province, un ordre de Baronets qui
subsiste encore. Le Chev. Alexander leur donna
des terres, à condition de les peupler & de les
cultiver dans un tems limité: comme aucun d'eux
n'a rempli ces clauses importantes de leur chartre
de concession, il paroit qu'ils sont entiérement
déchus des prétentions qu'ils auroient pû y former.

L'an 1623 Charles I. la céda aux François par
son Traité de mariage avec Henriette Marie de
France.

L'an 1627 les Anglois étant en guerre avec eux,
la leur enlevèrent.

L'an 1630 le Chevalier Alexander la vendit à
Claude de la Tour, Seigneur François, & en 1632
les Anglois la cédèrent aux François par le Traité
de St. Germain en Laie.

L'an 1654 les Anglois la leur reprirent, & Étien-
ne de la Tour, fils & héritier de Claude de la
Tour, ayant prouvé le droit qu'il avoit sur la propriété de ce païs, en vertu de l'achât qu'en avoit
fait son père; le Protecteur Cromwel le lui adju-
gea, & permit qu'il en jouît.

L'an 1656 le même Etienne de la Tour vendit
la Nouvelle Ecosse au Chevalier *Thomas Temple*
&

& à Mr. *Guillaume Crown.* En 1662 ce Chevalier prouva le droit qu'il avoit sur la Nouvelle Ecosse, & en obtint de Charles II. la confirmation, avec le Gouvernement durant sa vie, &c.

En 1667 le Chevalier Temple eut ordre de rendre cette province aux François, en vertu du Traité que ces deux nations conclurent cette année à Bréda : & sur les preuves qu'il donna du droit incontestable qu'il y avoit, & sur la demande qu'il fit, qu'une certaine somme lui fût paiée, en dédommagement de celles qu'il avoit débourfées, tant pour l'achât de la province, que pour y avoir bâti des Forts, &c., le Gouvernement lui accorda & promit de lui payer la somme de £. 16200 sterl. En 1674 le Chevalier Temple mourut, & constitua Mr. *Jean Nelson*, son neveu, héritier de cette province.

En 1690 les Anglois reprirent la Nouvelle Ecosse sur les François.

En 1697 le Roi Guillaume la leur rendit par le Traité de Ryswik.

En 1710 les Anglois la conquirent de nouveau ; & en 1712, elle leur fut cédée par le Traité d'Utrecht, & ils l'ont confervée jusqu'aujourd'hui. De forte que cette province est passée & repassée plusieurs fois des mains des François en celles des Anglois, suivant les bornes marquées dans la patente qu'en reçut originairement le Chevalier Alexander, ou celles qu'on régla ensuite, s'étendant

 jusqu'à

jusqu'à la rivière *Penobskot*, ou *Pentagoet*, & comme l'exprime l'article 12. du Traité d'Utrecht, *conformément à ses anciennes limites.* On peut voir ce que dit le *Pére Charlevoix* dans son *Hist. de la Nouv. France*, tom. 1. & 2., & *the Conduct of the French, with regard to Nova Scotia*, &c. par un Anonime, publié par T. Jefferys à Londres en 1755.

En 1730 Mr. Jean Nelson la vendit, & en transporta le droit à Mr. Samuel Waldo, Gentilhomme de la Nouvelle Angleterre, qui s'en dit présentement le légitime propriétaire. Mais, comme le Gouvernement y a transporté à de très grands fraix, depuis quelques années, du monde pour l'établir, & des troupes pour la défendre, il sollicite le payement des £. 16200, qui étoient dues à Mr. le Chevalier Thomas Temple, ou qu'il plaise à Sa Majesté de lui accorder d'autres terres en Amérique, en dédommagement de celles de cette province; ce qu'on ne doute pas qu'il n'obtienne bien-tôt.

En 1749, quelques mois après la conclusion de la paix à Aix-la-Chapelle, le Gouverneur Général du Canada écrivit une lettre en forme au Gouverneur de la Nouvelle Ecosse, pour lui signifier les prétentions que la France formoit sur la partie septentrionale de cette province. Celui de la Martinique en a écrit une autre, au Gouverneur de la Barbade, à peu près de la même nature, au sujet de l'île de *Tabago*.

L'air

L'air de la Nouvelle Ecoffe eft froid, à caufe des bois & des montagnes qu'il y a; mais il eft pur & fain. Le païs produit du blé, des fruits, des légumes, du chanvre, du cuivre, du fer. Les vignes y portent des raifins d'un très bon goût. Le bois propre pour la conftruction & la mâture des vaiffeaux, furpaffe en bonté celui que nous avons en Europe. Les pâturages y font excellens. Les eaux y font claires & légères, & la chaffe & la pêche fort abondantes. Les caftors & les loutres y font en très grand nombre. Les rivières y font profondes, & abondent en faumons & en efturgeons. La mer, fur ces côtes, abonde auffi en harangs, en morues les meilleures du Monde, & en baleines. La Nouvelle Ecoffe eft de la dernière importance aux Anglois : elle fert au Nord, comme la Georgie au Sud, de puiffante barriére aux autres colonies qui font entre deux, contre les attaques des François.

Les deux principaux peuples, originaires de ce païs, étoient les *Souriquois* & les *Etchemins*. Ils font aujourd'hui réduits à un fi petit nombre, qu'ils feroient incapables d'inquiéter les Anglois, s'ils n'y étoient pouffés par les François.

La peninfule eft jointe au refte de la Nouvelle Ecoffe par un ifthme de quatre lieues de large, & en eft féparée par la baie de *Fundi* à l'Ou., que les Géographes François appellent la baie Françoife; & la baie verte à l'Eft.

Le Gouvernement d'Angleterre profita de la ré-

B 3

forme

forme qui ſe fit des troupes & des vaiſſeaux de ce royaume , à la concluſion de la derniére paix, pour augmenter la colonie de la Nouvelle Ecoſſe, & pour donner du pain à tant de gens congédiés. Il offrit des terres aux officiers, aux ſoldats, aux matelots & aux autres qui voudroient y paſſer & s'y établir, ſans être obligés à aucune redevance durant l'eſpace de dix ans. Le Gouvernement promit de plus, de faire les frais du tranſport, de la nourriture, & de l'entretien des nouveaux colons, durant un an, après leur arrivée, & qu'il leur ſeroit fourni des armes, des proviſions, des uſtenciles, des outils, &c. Ce projet fut formé par Milord *Halifax*, premier Commiſſaire du Bureau de Commerce & des Plantations. Le Parlement a accordé plus de quatre cens mille livres ſterling pour l'agrandiſſement de cette colonie. On y compte 5000 habitans, outre les troupes qu'on y a envoyées.

Les principales rivières ſont celles de *St. Jean* & de *Ste Croix.*

Les lieux les plus remarquables ſont dans la peninſule de l'*Acadie*; ſavoir

* *Annapolis*, autrefois *Port-Royal*, ſur la baie de Fundi. Il n'y peut entrer qu'un vaiſſeau à la fois, & il faut qu'il y entre la poupe la première, & avec des précautions infinies; ce qui vient de la force des courans & de la marée: à cela près, la nature n'a preſque rien épargné pour en faire un des plus beaux ports du Monde.

Au

Au Sud-Oueſt eſt le *Cap - Sable*, fort connu des mariniers.

* *Halifax*, à 44 degrés & $\frac{1}{2}$ de latitude ſeptentrionale, au S. de la peninſule, dans la baie de Chibouctou, ſur la mer du Nord, eſt aujourd'hui la capitale, & la réſidence du Gouverneur de la province. Cette ville a été bâtie depuis peu d'années, ſous le gouvernement de Mr. Cornwallis, & porte le nom du Comte d'Halifax, le grand promoteur de la colonie. *Canceau* eſt un poſte, au N. E., ſur la baie & détroit de ce nom, vis-à-vis de l'île du Cap - Breton, que les François ont pris ſur les Anglois. Sur l'iſthme même ſont deux Forts, l'un au Nord, ſur la baie Verte, l'autre au Sud, ſur la baie de Fundi, que les François ont bâtis, pour empêcher les Anglois de paſſer de la preſqu'île dans le continent.

Les *Souriquois*, ou les *Micmacs*, ſont, ſelon les Géographes, le même peuple ſous différens noms. Quoiqu'en petit nombre, les François s'en ſont ſervis utilement pour retarder l'établiſſement des nouveaux colons, & pour les harceler ſans ceſſe. Pluſieurs de ces derniers ont été mis à mort, ou ſcalpés ; c'eſt-à-dire, à qui on a arraché la peau de la tête avec la chevelure ; action barbare qui ſe pratique par tous les ſauvages de ce continent : les autres, effrayés de ces cruautés, n'ont oſé s'étendre pour cultiver les terres, & ſe trouvent encore renfermés dans de très petites bornes, quoique dans un païs d'une grande étendue.

La

La baie des *Chaleurs* eft au Sud de la prefqu'île de Gafpéfie : elle eft nommée ainfi, du grand chaud qu'il y fait durant l'Eté. Elle abonde en faumons, en morues & en marfouins.

La *Gafpéfie* eft cette peninfule, ou terre la plus feptentrionale de la Nouvelle Ecoffe, baignée par la rivière & le golfe de St. Laurent & la baie des Chaleurs. Dans cette contrée font les hautes montagnes de *Notre Dame*, d'où l'on tire de bonnes mâtures.

Le cap des *Rofiers* eft la terre la plus orientale de cette prefqu'île. Au Nord de l'île de *Bonavanture* eft l'île *Percée*, fort connue des Navigateurs qui vont au Canada : fa petiteffe ne m'a pas permis de la repréfenter fur la Carte.

La rivière de *St. Jean* eft une grande & belle rivière, qui a fa fource à peu de diftance de la rivière St. Laurent, vis-à-vis de Québec. Les François ont bâti deux Forts, l'un à fon embouchure, l'autre un peu au deffus, depuis le Traité d'Aix-la-Chapelle ; par le moyen defquels ils font maîtres des Indiens de la rivière de St. Jean, & d'un paffage toûjours libre. Ils ont fait fouvent paffer du monde & des marchandifes, de France à Québec, & de Québec en France par cette rivière, pour éviter de paffer par la rivière St. Laurent, très difficile & très dangereufe, à caufe des courans, des rochers & des bancs de fable qu'il y a, & qu'elle n'eft navigable que depuis le mois de Mai jufqu'au mois d'Octobre, à caufe des brouillards &

des

des glaces; au lieu que celle de St. Jean l'eſt pendant tout l'Hiver.

La baie, ou le golfe de *St. Laurent* eſt une partie de la mer du Nord. Ce golfe eſt renfermé entre l'île de Terre-neuve, celle du Cap-Breton, la Nouvelle Ecoſſe & les côtes du païs des Eſquimaux. Il reçoit ſon nom de la rivière St. Laurent dans lequel elle ſe décharge.

L A

NOUVELLE ANGLETERRE.

Elle a la Nouvelle Ecoſſe au Nord-Eſt, l'Océan à l'Eſt & au Sud, la Nouvelle York au Sud-Oueſt, & le Canada au Nord-Oueſt, dont elle eſt ſéparée par la rivière St. Laurent.

Elle eſt entre les 41 & 45 degrés de latitude ſeptentrionale.

Quoiqu'il ſoit indubitable, que *Sébaſtien Cabot* aît découvert l'Amérique Septentrionale, ſous les auſpices de Henri VII, quatre ou cinq ans après que Chriſtophe Colomb eut découvert l'Amérique méridionale, & que le Chevalier *Walter Raleigh* & d'autres aient été dans la Virginie & dans ce païs; il ne paroît néanmoins rien de ſatisfaiſant ſur ſa découverte, ou ſur ſon commerce, juſqu'au voyage qu'y fit *Barthélemi Goſnold* l'an 1602. Il y fit avec les Indiens un trafic fort avantageux, & à ſon retour en Angleterre, il dit tant de bien du païs & de ſes habitans, qu'il engagea des Marchands, & d'autres perſonnes de diſtinction d'y former un établiſſement. Ils y furent autoriſés par une chartre de Jaques I. en 1606. La Compagnie qui l'entreprit fut appellée la *Compagnie de Plymouth*, du nom de la ville de Plymouth, où la plûpart des membres faiſoient leur demeure. Pendant que la Compagnie étoit aſſez contente du ſuccès qu'elle avoit eu, il arriva un fâcheux accident, qui dérangea fort ſes affaires. Un Capitaine de vaiſſeau qu'elle employoit, impatient de s'enrichir bien-tôt, attira 27 Indiens dans ſon bord; dès qu'il les eut, il leva l'ancre, & les porta à Malaga, où il les vendit pour 20 livres ſterling chacun. Cette perfidie anima tellement leurs compatriotes contre les Anglois, qu'ils ceſſérent dès lors d'avoir aucune communication avec eux, & réſolurent de venger l'outrage qu'ils en avoient reçu. La guerre qu'il y eut entre eux dans la ſuite, & les divers obſtacles & contretems que la Compagnie rencontra l'obligèrent de renoncer à cet établiſſement. Cependant d'autres Marchands entreprirent d'y aller négocier: & un certain nombre d'Indépendans, conduits par Mr. *Robinſon*, leur Miniſtre, s'y tranſportèrent, & y bâtirent une ville à 42 degrés de latitude, qu'ils nommèrent la *Nouvelle Plymouth*. Ce nombre s'accrut tous les jours, & devint une floriſſante colonie. Elle obtint une chartre, par laquelle elle eut le pouvoir de ſe choiſir tel Gouverneur, tel Conſeil, & tels Magiſtrats, & même de faire telles loix qu'il lui plairoit, pourvu qu'elles ne fuſſent pas préjudiciables

bles

bles à celles d'Angleterre, & contraires aux pré_
rogatives de la Couronne. Cet établiſſement au-
toriſé & encouragé du Roi, excita d'autres perſonnes à ſuivre les traces des premières. On forma
des projets pour y faire de nouveaux établiſſe-
mens, & on ſe tranſporta dans ce nouveau Monde.
En moins de dix ans il s'y trouva plus de 4000
colons, & ce nombre, en moins de cent ans, s'y
accrut juſqu'à celui de 400 mille & au de là, malgré les obſtacles qu'ils rencontrèrent & les guerres
qu'ils eurent avec les Indiens. Ces derniers y ſont
à préſent en ſi petit nombre, qu'on les connoit
tous. Ils ſont aſſez traitables, pourvu qu'on en
uſe bien avec eux. La Nouvelle Angleterre eſt
aujourd'hui la plus puiſſante Colonie de l'Amérique. Ses richeſſes & ſa puiſſance ſont portées à un
point capable de donner de la jalouſie à l'Etat
dont elle tire ſon origine.

Les Hiſtoriens raportent un trait remarquable de
l'équité des Puritains qui vinrent s'établir en Amérique. Ils pouvoient ſe prévaloir de leur nombre
& de leur chartre, pour ſe choiſir le lieu le plus
convenable, ſur les côtes où ils ſe fixèrent, ſans
avoir égard aux droits des ſauvages, à qui natu-
rellement le païs appartenoit ; mais ils aimèrent
mieux acheter d'eux le terrein qui leur étoit néceſſaire, & ne regardèrent la chartre que comme
une permiſſion de leur Prince, qui les autoriſoit à
traiter avec ces ſauvages. Il s'en faut bien que les
Eſpagnols ayent reſpecté à ce point le droit natu-
rel : au lieu d'acquérir légitimement à un prix mo-
dique les païs qu'ils occupent dans ce continent,

ils

ils ont employé les armes, & ont commis des maſſacres horribles pour s'en aſſurer la poſſeſſion.

L'air y eſt fort ſain, & quoique le païs ſoit au milieu de la zone tempérée, & qu'il dût jouir de la même température que le Midi de la France, on y éprouve le contraire : le froid y eſt vif & conſtant en Hiver, & la chaleur exceſſive en Eté. La Nouvelle Angleterre eſt fertile en lin, en chanvre, en blé d'Inde, en grains, en légumes, en fruits. Le gibier abonde dans la campagne, & le poiſſon dans les rivières & ſur la côte. La pêche de la morue & de la baleine ſe fait ſur cette côte, auſſi bien que ſur celle de Terre-neuve.

Les principales marchandiſes qu'on tire du païs, ſont des fourrures, particuliérement le caſtor, & les orignaux; des mâtures, & des bois propres aux conſtructions de marine, meilleurs que ceux de Norwége; des farines, des biſcuits, des légumes ſecs, diverſes ſortes de grains; du ſel, des viandes ſalées, du poiſſon, entre autres, de la morue verte & ſéche, & du maquereau ſalé, du chanvre, du lin, de la poix, du goudron, &c.

Tous les payemens ſe faiſoient ci devant dans cette province, en monnoie de papier, qu'on appelle *Province-Bills*, ou *Bills of Credit* : aujourd'hui on n'y voit que des eſpéces d'or & d'argent; mais ces billets ont encore cours dans les autres colonies, où l'on eſpére de pouvoir s'en
paſſer

paſſer dans peu d'années, à l'exemple de la province des Maſſachuſets.

La bonté du païs, la douceur du gouvernement, l'obſervation de ſes excellentes loix ſont des choſes connues de toute l'Europe. De toutes parts il s'y rend des familles Proteſtantes. Depuis trois ans Mr. le Brigadier-Général Waldo a envoyé ſur ſes terres plus de mille perſonnes, à chacune deſquelles il a donné 100, juſqu'à 200 arpens de terre gratis.

Le Gouvernement des quatre colonies de la Nouvelle Angleterre, n'eſt pas le même. Le Roi nomme pour New-Hampshire, un Gouverneur & un Conſeil. Ceux qui ont droit de ſuffrage, choiſiſſent leurs Repréſentatifs à l'Aſſemblée générale: on appelle celui-ci, *Gouvernement royal.*

Dans la province des *Maſſachuſets*, ſa Majeſté s'eſt reſervée, par la Chartre du Roi Guillaume & de la Reine Marie, le droit de nommer le Gouverneur, le Sous-gouverneur & le Secrétaire. Les Repréſentatifs, ou Députés des villes ſont élus tous les ans. Il faut que les loix, les actes, &c. ayent paſſé à la pluralité des voix avant que d'être préſentées au Gouverneur, pour obtenir ſon agrément: de ſorte que le Gouvernement de cette province eſt compoſé de trois Etats, comme celui de la Grande-Bretagne.

L'Île de Rhode & Connecticut ont chacune leur

Char-

Chartre. Leur Gouvernement eſt populaire, &
les Gouverneurs n'ont droit de s'oppoſer à aucune
loi, ni à aucun acte de l'Aſſemblée. Suivant
la conſtitution de ces deux colonies, les Bour-
geois choiſiſſent, tous les ſix mois, dans ceux de
Mai & d'Octobre, les Repréſentatifs des villes
& des bourgs; & tous les ans, au mois de Mai,
ils éliſent ceux qui forment le Conſeil, le Gouverneur, le Sous-gouverneur, & tous les officiers
publics.

On ne ſouffre dans ce païs, ni les débauchés,
ni les vagabonds, ni les mandians. On y a un
ſoin particulier de l'éducation des enfans. Cha-
que endroit, où il y a cinquante familles, eſt o-
bligé d'avoir une école pour leur enſeigner à lire,
à écrire, à chiffrer, & la Religion : & dans ceux,
où il y a cent familles, on enſeigne la Gram-
maire, &c. : de ſorte qu'il n'eſt point d'enfant de
9 à 10 ans, dans toute la province, qui ne ſache
lire, écrire, & ſon Catéchiſme. Je renvoie les
curieux à la Deſcription qu'a publiée Mr. *Oldmixon*
des Poſſeſſions Angloiſes en Amérique, en 2 vol. 8º,
ſous le titre de *British Empire in America*, &c.
à *Neal's Hiſtory of New-England*, & au *Summary
Hiſtorical & Political of the British Settlements in
North-America* par *W. Douglas*, M. D.

Cette province ſe diviſe en quatre principales
Colonies, trois deſquelles ont leurs chartres particulières, & leurs différentes formes de Gouvernement : elles vont du Sud au Nord-Eſt & ſont
celles de   1. *Con-*

1. *Connecticut*, au S. Ou.
2. L'*Ile de Rhode* & la *Providence*, à l'E.
3. La *Nouvelle Hampshire*, au N. des deux.
4. La *Baie des Massachusets*, au S., au N: E: & à l'E: de cette derniére.

Ses principales rivières font celles de *Connecticut*, de *Merrimak*, de *Piscataqua*, de *Saco*, de *Kenebeck*, de *Penebscot*, ou *Pentagoet*, &c.

1. CONNECTICUT.

La Province, ou Colonie de *Connecticut* reçoit fon nom de la rivière de Connecticut, qui la traverfe du Nord au Sud. Elle peut mettre 30 mille hommes fous les armes. *Newhaven* en eft la principale ville.

2. L'Ile de RHODE & la PROVIDENCE.

La Province, ou Colonie, nommée l'*Ile de Rhode* & la *Providence*, a l'île de Rhode d'environ 15 à 16 milles de long, & de 4 ou 5 de large. On l'appelle le Paradis de la Nouvelle Angleterre, à caufe de fa fertilité, & de la bonté de fon air. Elle fait un grand commerce aux îles Angloifes. *Newport* en eft la principale ville: elle a un bon port, défendu par une forterefse, bordée de 30 piéces de canon.

3. MASSACHUSETS - BAY.

La Province, ou Colonie de *Massachusets-Bay*,
com-

comprend le *N. Plymouth* , la province de *Main*, & cette étendue de terre, qui est entre cette derniére province & la Nouvelle Ecosse, appellée autrefois la province du *Roi*, ou du *Duc*, aujourd'hui *district* , & non province de *Sagadahook*. *Massackusets - Bay* est la plus puissante & la plus ancienne de toutes les Colonies, & peut mettre 45 mille hommes sous les armes.

* BOSTON, à l'E., à 42 degrés & ⅟₂ de latitude septentrionale, est la capitale de toute la Nouvelle Angleterre, & la ville la plus grande & la plus commerçante de toutes les Possessions Angloises en Amérique. L'entrée en est difficile, & défendue par une citadelle forte & reguliérement bâtie, avec des bateries de gros canons. La ville est fortifiée de trois bateries de canon ; il y en a deux devant le port , & la troisiéme est sur une langue de terre du côté de la campagne. La baie de Boston est capable de contenir tous les vaisseaux d'Angleterre. Les mâts des vaisseaux, en certain tems de l'année, y paroissent, de même que sur la Tamise , comme une forêt. Boston a environ 30 mille habitans, dont les $\frac{3}{4}$ sont Non-conformistes ; & trois grandes églises épiscopales. Elle a deux milles de long, & en quelques endroits trois quarts de mille de large. Les rues sont larges & bien pavées, & les maisons bien bâties ; les unes de brique, les autres de bois. Le Gouverneur de la province y fait sa résidence. *Bristol*, au S., est très considérable & trés peuplée : après Boston, c'est la ville la plus commerçante de toute la Nouvelle Angleterre.   La

La province de MAIN, dont certains Auteurs
font une province particulière, s'étend depuis la
rivière Piscataqua au N. E. , jusqu'à la rivière Kenebeck.

Le Territoire de *Saggadahook*, autrefois nommé
la *province du Roi*, ou *du Duc*, s'étend depuis
Kenebeck jusqu'à la rivière Ste Croix. Plusieurs
des villes & des établissemens de cet ancien district, font défendus par de bons Forts, où l'on
tient de bonnes garnisons. Les François ont des
Missionaires parmi les Indiens des rivières Penebscot & Kennebeck; & quoique ces Indiens n'ex-
cédent pas le nombre de 300 combattans, ils font
beaucoup de mal aux Colons de la Nouvelle Ecossë
& des Massachusets, excités à cela par ces Mission-
naires, par les présens qu'on leur envoie du Canada.

4. NEW HAMPSHIRE.

La Province, ou Colonie de *New Hampshire*,
est entre les Massachusets au Sud, la Nouvelle
York à l'Ouest, le Canada au Nord & les Massachusets à l'E. & au N. E. *Portsmouth* en est la
principale ville. *Cowas*, ou *Cohasser*, sur la rivière Connecticut, est un Fort bâti par les François
depuis le Traité d'Aix-la-Chapelle. Cette province a 10 mille hommes en état de combattre.

Au Nord de la province & sur le bord du fleuve
St. Laurent, entre la rivière Sorel & l'île d'Orléans, font plusieurs villages bâtis par les François
depuis la paix d'Utrecht. A l'embouchure de la

C

ri-

rivière Sorel, fur le lac de St. Pierre, eft le Fort
de *Richelieu.*

Cap Con eft ce fameux cap, au S. E. de la Nouvelle Angleterre.

LA NOUVELLE YORK.

Cette province eft entre la Nouvelle Angleterre
à l'Eft, la Mer du Nord & la Nouvelle Jerfey au
Sud, la Penfilvanie & le lac Ontario à l'Oueft, &
le même lac & la rivière St. Laurent au Nord;
entre les $40\frac{1}{2}$ & les $46\frac{1}{2}$ degrés de latitude feptentrionale.

On l'appelloit autrefois *Nouvelle Suéde,* parce
que les Suédois s'y établirent fous le régne de la
Reine Chriftine: les Hollandois, qui s'en empa-
rèrent enfuite, la nommèrent les *Nouveaux Pais-
Bas.* Ils l'avoient achetée de *Hudfon,* navigateur
Anglois, qui la découvrit, & qui traita avec eux
eu 1608. Malgré la proteftation de Jaques I, Roi
d'Angleterre, contre cette vente, ils n'avoient pas
laiffé de s'établir dans leur aquifition. Ils en jouï-
rent paifiblement jufqu'en 1618, ou 1619, que Sir
Samuel Argal, Gouverneur de la Virginie, attaqua
leurs plantations & les détruifit. Cependant Jaques
I, à qui ils s'adrefsèrent, leur donna la permiffion
de s'établir fur ces mêmes côtes dont il les avoit
chaffés. En 1667 ils rendirent cette province aux
Anglois par la paix de Bréda. Durant la courte
guerre, que l'Angleterre, unie à la France, décla-

ra

ra en 1672 aux Etats Généraux, ceux-ci recouvrè-
rent la Nouvelle York, en 1673; mais ils la rendirent l'année fuivante, en concluant la paix avec
la Grande Bretagne.

Elle a 200 milles de long, & une cinquantaine
de large. Elle reçut le nom d'*York* du Duc d'York,
frère de Charles II, à qui ce Prince la donna l'an
1664. Le Roi y envoie un Gouverneur.

L'air y eft fain & tempéré. Le terroir y eft
fertile en froment. Les forêts y font pleines de
gibier. Le bois y eft fort propre pour la conftruction des vaiffeaux. Les nations Indiennes de ce
païs fe couvrent l'Hiver de peaux de quelques bêtes, & font ufage de gros draps & de couvertures;
& l'Eté de quelque peau légère, ou font prefque
nues. Ces peuples font comme ceux de la Nouvelle Angleterre, fort bafanés, fauvages, idola-
tres, & trafiquent avec les Anglois en peaux d'é-
lans, d'ours, de loutres & de caftors. Ils aiment
l'eau de vie, & toutes les boiffons fortes. Le
commerce de la Nouvelle York, confifte principalement en blé, farine, pain, bifcuits, biére, &
autres provifions de bouche; en fourrures, &c.

La rivière de *Hudfon* eft la plus confidérable de
la Nouvelle York.

L'*Ile Longue*, au S. E., a près de 150 milles
d'Orient en Occident, & eft fort fertile en grains
& en fruits, & a beaucoup de moutons & de chevaux.

 New-

* New-York, capitale , eſt dans une petite
île, à l'embouchure de la rivière Hudſon : autrefois les Hollandois la nommèrent *Nouvelle Amſter-
dam.* Le Gouverneur de la province y réſide. La
ville eſt gouvernée par un Magiſtrat & autres Officiers, comme le font les corporations des villes
d'Angleterre. Cette ville eſt la plus agréable de
toute l'Amérique Angloiſe. Les maiſons y font
de briques & de pierres, bâties à la Hollan-
doiſe.

Albany, autrefois *Fort Orange*, au N., ſur la
rivière Hudſon, eſt l'entrepôt des habitans de
cette colonie, pour le commerce des pelleta-
ries. Il y a près de 300 familles, la plûpart
Hollandoiſes : c'eſt le lieu ordinaire des confé-
rences qu'on tient avec les Sachems, ou chefs des
Indiens.

Toute cette étendue de païs au Nord, entre
les lacs Ontario, St. Sacrement & Champlain, &
les rivières Sorel & St. Laurent, eſt préſentement
occupée par les François, dont ils ſe font mis en
poſſeſſion depuis la paix d'Utrecht. Ils y ont bâti
en 1725. une bonne fortereſſe, à la place du Fort
Crown-point, pris ſur les Anglois, qu'on appelle
St. Frédéric. Au Nord du lac *Champlain* ils ont le
Fort *Chambli*, & au Nord de ce dernier, celui de
Sorel, ſur le lac de St. Pierre, & pluſieurs autres
ſur la rive méridionale du fleuve St. Laurent, vis-
à-vis de *Montreal.* On compte 80 mille habitans
dans cette province.

LA

LA NOUVELLE JERSEY.

Cette province, au S. Ou. de la Nouvelle York, eſt de moindre étendue. Elle eſt entre les $38\frac{1}{2}$ & $41\frac{1}{2}$ degrés de latitude ſeptentrionale. Elle eſt bornée au Sud par les embouchures de la rivière *Delawar*, de la rivière de *Hudſon* & par l'Océan. Elle eſt de même température & de même raport que la Nouvelle York.

Elle fut découverte par les Suédois, qui s'y établirent, & qui la nommèrent la *Nouvelle Suéde*. Les Hollandois, à qui ce païs convenoit, à cauſe du voiſinage de la Nouvelle Hollande, en délogèrent les Suédois, & le conſervèrent juſqu'à ce que les Anglois en achevèrent la conquête. Ces derniers le comprirent dans la Nouvelle York, dont il étoit la partie méridionale. On lui donna le nom de *Nouveau Jerſey*, lorſqu'on le détacha de la partie ſeptentrionale. Le Roi en nomme le Gouverneur, &c.

On diviſe la Nouvelle Jerſey en *Orientale* & en *Occidentale*. L'Orientale eſt la plus peuplée & la mieux cultivée. Les principales villes qu'on y trouve ſont *Eliſabeth - town* & *Shrewsbury*. L'Occidentale n'eſt pas ſi peuplée, mais elle eſt auſſi avantageuſement ſituée pour le commerce, que l'Orientale.

On compte qu'il y a 75 mille habitans dans cette province, dont 15 mille font en état de prendre les armes, pour la défenfe du païs. On y emploie dix fois plus de Négres qu'on ne faifoit il y a 50 ans. On peut juger de l'accroiffement de fon commerce, par celui de fes habitans.

LA PENSILVANIE.

La Penfilvanie a la Nouvelle York au Nord-Eft, la Nouvelle Jerfey au Sud-Eft, le Maryland au Sud, & les cinq nations Indiennes au N. & à l'Ou.; entre les 37 $\frac{1}{2}$ & 40 degrés de latitude feptentrionale. Le climat & le terroir font à peu près de même que dans la Nouvelle Jerfey. Il y fait fort chaud en Eté, & fouvent fort froid en Hiver. Le païs produit abondance de blé, d'autres grains, de fruits, de légumes, de bétail, de gibier, de poiffons, &c. Il a reçu fon nom de *Guillaume Pen*, de la fecte des Trembleurs, à qui la propriété & le gouvernement en furent donnés par le Roi Charles II. l'an 1681, en confidération des fervices du fameux Chevalier Guillaume Pen, fon père. Il s'appelloit *Nouveaux Païs - Bas* lorfque les Hollandois en étoient en poffeffion. Quand Mr. Pen y arriva, il ne fe contenta pas de la chartre de conceffion, que lui en avoit donnée le Roi, il voulut encore l'acheter des Chefs, ou Princes Indiens mêmes; ce qui acheva de lui donner un droit inconteftable fur le païs.

La Penfilvanie eft aujourd'hui fort peuplée. Il
eft

eſt remarquable que ſes habitans n'ont été en guerre avec aucuns de leurs voiſins, Chrétiens, ou Indiens, depuis que G. Pen s'y établit. Elle contient plus de 500 mille habitans; on croit qu'elle
n'en a pas moins de 700,000 habitans: & qu'elle
peut fournir 120 mille hommes pour ſa défenſe,
ou celle de ſes voiſins. Ils y jouiſſent de grands
priviléges. Le Gouvernement y eſt fort doux.
Les Anglois y ſont en plus grand nombre que les
autres nations. Il y a des Palatins, des Suédois,
des Hollandois, des François & des Négres.

La religion dominante du païs eſt la ſecte des
Trembleurs; cependant tout Chrétien proteſtant,
de quelque ſecte qu'il ſoit, y a la même liberté de
conſcience, qu'en Angleterre. Les naturels du païs
y ſont fort traitables. On dit qu'ils croient un Dieu,
& l'immortalité de l'ame.

Le commerce de cette province conſiſte en chevaux, en douves, en bœuf, en poiſſon, en cochons, en biére, en farine, en pelleteries, en
grains, qu'ils échangent dans les îles Antilles, pour
du Rum, du ſucre, des molaſſes, du ſel, du vin,
de l'argent; & en Angleterre, pour des meubles &
des uſtenciles de maiſon, des hardes, des toiles,
des outils, des armes, &c.

On diviſe la Penſilvanie en ſix comtés.

Ses principales rivières ſont celles de *Delawar*,
& de *Saſquahanough*. L'*Ohio* y a ſa ſource.

C 4

* Puı-

* PHILADELPHIE en eſt la capitale. C'eſt une ville des mieux ſituées, & des mieux percées du Monde. Les rues y ſont larges & droites. Les maiſons y ſont propres & bien bâties: on y en compte déja plus de 2000. Si on continue d'y bâtir, comme on l'a fait, ſuivant le plan de Mr. Pen, ſon fondateur, ce ſera une des plus belles villes du Monde.

Les *Iroquois*, les plus vaillans des peuples ſauvages, habitent le païs, qui eſt entre la N. York, la Penſilvanie, les lacs d'Erié & d'Ontario, & la rivière St. Laurent. Ils ſont belliqueux, mais cruels, juſqu'à ſucer le ſang de leurs ennemis. Ils ſont diviſés en cinq nations, qui ſont les *Mohawks*, ou *Agniés*, les *Oneidas*, les *Onondagas*, les *Cayugas*, les *Sennekas*, auxquelles les *Tuſcaroras* ont été joints, & qui font la ſixiéme nation: les *Nicariages* en font la 7me & les *Meſſaſages* la 8me qui ſe ſont unis aux ſix autres, depuis les Tuſcaroras. Chacune d'elles fait une république à part, & a ſon grand village, ou cabane, à la diſtance de 20 à 30 lieues. Celles qu'ils ont conquiſes leur paient un tribut, que deux de leurs anciens vont recevoir tous les ans. Le nombre de ces Indiens peut monter à ſeize mille, mais en déduiſant les vieillards, les femmes & les enfans, il n'en reſte pas plus de 1500 en état de ſe battre. Leur langage eſt à peu près le même. Leur gouvernement reſſemble à celui des Suiſſes. Ils ont en horreur le deſpotiſme. Ils ſont ſujets & alliés des Anglois depuis le Traité d'Albany en 1664, par lequel ils reconnurent qu'eux & leurs terres étoient ſoumis au Roi de la

Gran-

Grande Bretagne. Ce Traité fut confirmé par deux autres en 1684, & 1687; & enfin par un troiſiéme, en 1701, où ils firent à Sa Majeſté, la vente de tous leurs païs tant héréditaires, que conquis: ce dernier fût renouvellé en 1726, & confirmé à Lancaſter, dans la Penſilvanie, en 1744. Ces Traités excluent les François de toute prétention ſur les païs aux environs des cinq grands lacs, ſur celui qu'arroſe la rivière des *Illinois*, & ſur d'autres d'une grande étendue, dont je ferai mention dans la ſuite.

Par le commerce des pelleteries que les Iroquois, ou 5 nations ont avec les Anglois, ils ont des armes, des munitions & tout ce qui leur eſt néceſſaire, à meilleur marché qu'ils ne l'auroient des François: ils ne conſidèrent ces deux nations que par raport au beſoin qu'ils ont de leurs marchandiſes, quoiqu'elles leur coûtent bon ; car ils les payent quatre fois plus qu'elles ne valent. Les François en ont gagné une grande partie, & ne ceſſent pour gagner les autres, de leur repréſenter les Anglois comme les ennemis du genre humain. Les ſauvages étoient extrémement ſobres avant qu'ils connuſſent les Chrétiens. Depuis qu'on leur a fourni de l'eau-devie qu'ils avalent avec délice, ils commettent de grands déſordres, & font pires que les brutes quand ils en ont bû. Ils ſont fort ignorans ſur la religion. Ils ne ſavent ce qu'ils croient. Ils invoquent quelquefois deux ſortes de divinités. Ils croient l'ame immortelle. Quelques uns d'entre eux, leur ſervent de prêtres & de médecins: c'eſt en général un peuple fort ſenſé. Ils ont étendu leurs territoires juſqu'à la rivière des Illinois, depuis l'an 1672, qu'ils ſubjuguèrent les anciens *Chaoua-nans*, les propriétaires naturels du païs & de la rivière Ohio, & avec leſquels ils ont été incorporés. Ils prétendent qu'il leur appartient par droit de conquête, auſſi bien qu'une grande partie du Miſſiſſipi. *Nous l'avons payé de notre ſang, diſent-ils, & il eſt juſte que nous le poſſédions.*

Entre les lacs Erié & Ontario eſt la rivière de St. Laurent, ou plûtôt de *Neeawgawraw* au milieu de laquelle on voit la fameuſe cataracte, ou ſaut de *Niagara*; c'eſt le grand paſſage du Miſſiſſipi au Canada, & celui des nations qui habitent les environ des lacs, pour aller aux colonies Angloiſes.

Le MARYLAND.

Cette province a la Penſilvanie au Nord & à l'Eſt, & la Virginie au Sud & à l'Oueſt, entre les $37\frac{1}{2}$ & 39 degrés & $\frac{3}{4}$ de latitude ſeptentrionale. Elle eſt bornée par la rivière *Patowmack* à l'Oueſt, &c. Elle reçut ſon nom de *Marie*, épouſe de Charles I., Roi d'Angleterre. Ce Prince détacha le Maryland de la Virginie, pour le donner à *Cecil Calvert*, Lord de *Baltimore*, l'an 1632. C'eſt un des beaux fiefs de la Couronne, & le propriétaire y a une autorité fort étendue.

L'air & le terroir du Maryland ont les mêmes qualités que ceux de la Virginie, dont cette province

vince faifoit ci-devant partie. Sa principale richeffe eft le trafic du tabac. On en tranfporte beaucoup de blé, de Maïs, &c. On y trouve en abondance tout ce qui eft néceffaire à la vie. La boif-
fon ordinaire des habitans eft le cidre, qui y eft
fort bon.

On y jouït de grands privilèges. Le Gouvernement y fut établi fur le modelle de celui d'Angleterre. Le propriétaire en peut proroger, ou dif-
foudre l'Affemblée quand il lui plaît, & nul acte
n'a de force, que lorfque le propriétaire, ou fon
député l'a ratifié.

Il y a 40 ans qu'on ne comptoit que 16 mille habitans Anglois dans le Maryland. On y en compte à cette heure plus de 80 mille. Le commerce
y a fi fort augmenté, à proportion de fes habitans,
que le Lord Baltimore en tire un revenu très confidérable.

Les Indiens de cette province demeurent fur la
côte orientale, où ils ont deux, ou trois villages.
Leur nombre eft fort petit. Il n'eft pas tant dimi-
nué par les guerres, qu'ils ont eues avec les Anglois, que par celles qu'ils ont perpétuellement entre eux. Ils font trompeurs, & extrémement fai-
néans. Ils font partagés en tribus, qui ont chacune un roi ou Chef, particulier.

On divife la province en onze comtés; fix font
à l'Ou. & cinq à l'E. de la baie de *Cheafapeak,*
où il y a plufieurs villes: les principales font *Ste-*
Marie

Marie au S., & *Annapolis* au N., autrefois *Arun-delton*, fur la baie.

La VIRGINIE.

La Virginie a le Maryland au Nord-Eſt, dont elle eſt féparée par la rivière Patowmack; la mer du Nord à l'Eſt, la Caroline au Sud, & à l'Oueſt le Miſſiſſipi qui la fépare de ces vaſtes païs, qui s'étendent juſqu'à la mer du Sud, comme le montre la ligne de ma Carte, fuivant la chartre de Jaques I. Elle eſt ſituée entre les $36\frac{1}{2}$ & 40 degrés de latitude feptentrionale.

Les Hivers y font quelquefois aſſez rudes, quoique d'ordinaire le froid n'y dure pas long-tems. L'Eté on y éprouve à peu près les mêmes chaleurs que dans les parties méridionales de l'Eſpagne.

La terre eſt fort fertile en blé, en maïs, en toute forte de fruits, & en quelques racines, dont les Amériquains font du pain. On y trouve des vignes ſauvages, qui portent de bons raiſins. Il y croit beaucoup de tabac, qui eſt très eſtimé: c'eſt principalement à la culture de cette plante, que les habitans s'appliquent. Il y a une infinité de loutres & d'autres animaux, dont les peaux font fort eſtimées; des ours, des cerfs, des lapins, grand nombre de coqs d'Inde, de perdrix, & d'autres oiſeaux. On en tranſporte beaucoup de boeuf, de cochon, de douves, du cidre, du Suif &c.

Le

Le païs fut, dit-on, découvert par Sébaſtien Cabot, en 1497, ſous le régne de Henri VII, Roi d'Angleterre. Le Chevalier *Walter Raleigh* a eu pour certain l'honneur de découvrir cette province l'an 1584, & d'y former le premier établiſſement. Il lui donna le nom de *Virginie*, en l'honneur de la Reine Elizabeth, qui ne ſe maria point. La Virginie s'étendoit autrefois depuis la Floride, juſqu'à la Nouvelle Ecoſſe, & comprenoit la Nouvelle Angleterre, la Nouvelle York, la Nouvelle Jerſey, la Penſilvanie, le Maryland, & la Caroline. Les guerres & les maſſacres attribués au mauvais gouvernement des propriétaires, ont extrémement retardé les progrès de la colonie: mais depuis 1679 elle s'eſt fortifiée de plus en plus.

Les originaires du païs ſont en petit nombre: leurs guerres, & l'eaudevie en ſont la cauſe: les blancs ont introduit cette liqueur parmi eux. Ils négligent une terre qui leur produiroit abondamment toutes choſes, s'ils vouloient la cultiver. Ils s'habillent de peaux de bêtes ſauvages. Ils ſe peignent le corps pour paroître plus redoutables quand ils vont à la guerre. L'Eté ils vont nuds, & ne couvrent que les parties, que la pudeur ne permet pas de nommer. L'infidélité dans le mariage, eſt parmi eux un crime impardonnable: & quoique le divorce leur ſoit permis, ils en viennent rarement à cette ſéparation. Les hommes ne s'occupent qu'à la chaſſe, à la pêche, à la guerre & autres exercices ſemblables, pendant que les femmes font le ménage des champs & de la maiſon. Leur plus grand trafic eſt des peaux

des

des bêtes qu'ils ont tuées. Leurs armes font l'arc,
la fléche & la maffue. Leur religion eft d'adorer
tout ce qu'ils craignent, comme le feu, l'eau, le
tonnerre, les canons, toutes les armes à feu, &
principalement le Diable. Ils en ont dans leurs
temples des images effroyables, & lui offrent du
fang & de la graiffe des bêtes fauvages. Le Soleil,
la Lune & les étoiles paffent chez eux pour des
demi-dieux. Ils ont quelque légère connoiffance
d'un Dieu fouverain, qui a créé le Monde & les
autres dieux; & croient l'immortalité de l'ame.

La principale richeffe du païs eft le tabac, dont
la colonie envoie tous les ans une prodigieufe quantité en Angleterre. Ce feul article emploie entre
trois à quatre cens vaiffeaux, & plus de quatre mille matelots. Plus de 60 mille barriques font ex-
portées chez l'étranger, lefquelles à £. 5. la bar-
rique, produifent £. 300,000 fterl., fans compter
les droits & le fret que ce commerce procure. On
eftime qu'il n'y a pas moins de 500 mille habitans
dans la Virginie, en comptant les Négres qu'on
y emploie. L'Angleterre y envoie la plûpart des
chofes néceffaires à la vie; comme des toiles, des
foies, des marchandifes des Indes, du vin, des
étoffes de toutes les fortes, des chapeaux, des
fouliers, des bas, des flanelles, des cloux, des
haches, des couteaux; en un mot, l'Angleterre
lui fournit une infinité de chofes de fon propre cru,
& de fes propres fabriques, montant à près de 800
mille livres fterling Il n'y a perfonne qui ne con-
çoive que les colonies Angloifes occafionnent un
grand commerce, & qu'elles procurent un grand
avan-

avantage à l'Angleterre. Il eſt de l'intérêt de cette nation d'en encourager l'accroiſſement, ſurtout en colons étrangers, tirés des païs Proteſtans; étant viſible, que le beſoin des fabriques Angloiſes augmente, à meſure que le peuple multiplie. Voyez *W. Beawes's merchant's Directory.*

On diviſe la Virginie en 25 comtés.

La baie de *Cheaſapeak* en baigne le S. E.

*Les principales rivières ſont celles de *Patowmack* au N., de *James* au S., & de du *Bois* & de l'*Ohio* à l'Oueſt.

* JAMES-TOWN, au S., ſur la rivière James, capitale de la Virginie, & *Williamsbourg*, à quelques milles de James-town, en ſont les lieux les plus remarquables. Les villes de cette province ſont peu peuplées, parce que les principaux du païs ſe tiennent à leurs plantations.

L a C A R O L I N E.

La Caroline eſt entre la Virginie au Nord, & la Georgie au Sud, dont elle eſt ſéparée par la rivière Savannah; & entre la mer du Nord à l'Eſt, & la rivière Miſſiſſipi à l'Oueſt. La charte de Charles II. en fait étendre les bornes juſqu'à la mer du Sud. Elle eſt, ſuivant la chartre, entre les 29 & 36½ degrés de latitude ſeptentrionale. On la diviſe en

Caro-

Caroline septentrionale & en *Caroline méridionale*, sous deux Gouvernemens différens: la premiére est plus peuplée que la seconde, & celle-ci plus fertile & plus riche que l'autre.

L'air y est pur & sain, mais plus chaud qu'en la Virginie. Le terroir y est fertile en fruits, en grains, en légumes, en bois. Il produit assez de goudron pour les besoins de tous les Etats de la Grande-Bretagne, & entre 90 & 100 mille barils de ris par an. On y trouve une très grande quantité de bétail, de chevaux & de cochons. On en tire presque toute sorte de provisions, dont on fournit les Antilles Angloises. Les vignes y réussissent fort bien. Les mûriers y abondent, qui nourrissent des vers à soie. On y fait de la soie aussi bonne qu'en tout autre endroit du monde. Les *mirtes à chandelle*, ou *arbres ciriers*, sont en plus grand nombre & viennent mieux dans cette province que dans les autres possessions Angloises. Ils croissent dans les îles, ou sur quelque banc proche de la mer, & produisent des baies qu'on trouve en grapes comme des raisins: les habitans les bouillent, & en tirent une huile qui durcit en se refroidissant, & dont ils font des chandelles. Voyez l'*histoire naturelle de la Caroline*, en 2 vol. fol. par *Catesby*. Il y a quantité de gibier, & de bêtes fauves, dont on transporte près de 130 mille peaux tous les ans. Il y a peu de païs aussi commode que celui-ci pour le Commerce & la navigation, à cause du grand nombre de rivières navigables qui l'arrosent. Les insectes y sont fort
in-

incommodes. Les bois font remplis de ferpens ; toutefois ils n'ont pas de venin : il n'y a de venimeux, que les ferpens à grelots. Les rivières du Sud font fort poiffonneufes, mais elles ont des goulus de mer, & d'autres gros poiffons, qui font fort dangereux.

Cette province faifoit autrefois partie de la Floride ; ce qui la fait appeller par quelques Géographes la *Floride Angloife.* Les Efpagnols s'y établirent les premiers. Les François croyant cette terre abandonnée, s'y établirent fous Charles IX, Roi de France. Les Efpagnols en chafsèrent les François, qu'ils traitèrent cruellement. Ces derniers en chafsèrent à leur tour les Efpagnols, qu'ils traitèrent de la même manière qu'ils en avoient été traités. L'an 1622, des Anglois fugitifs de la Virginie & de la Nouvelle Angleterre, pour fe garantir des maffacres des Indiens, s'établirent fur cette côte. Leur nombre s'y accrut & ce peuple y profpéra. Près de cent ans fe pafsèrent fans que les François, ni les Efpagnols y revinffent. Tel étoit l'état des chofes, lorfque Charles II, Roi d'Angleterre, donna cette terre, en 1660, en propriété à *Edouard, Comte de Clarendon,* à *George, Duc d'Albemarle,* au *Lord Craven,* au *Lord Jean Berkley,* au *Lord Antoine Ashley,* au *Chevalier George Carteret,* au *Chevalier Guillaume Berkley,* & au *Chevalier Jean Colliton,* à condition qu'elle releveroit de la Couronne d'Angleterre. En .1663. ils obtinrent une feconde Chartre plus ample que la première. Ces derniers propriétaires donnèrent leurs

D

noms

noms à diverfes contrées & rivières du païs. En 1728, fept des propriétaires, las des difficultés & des troubles qui y fubfiftoient, remirent les $\frac{7}{8}$mes de leur propriété à la Couronne, pour la fomme de £. 17500 fterl.; mais Milord Carteret, préfentement Comte de Granville, s'eft refervé la propriété de l'autre [1]. Depuis la démiffion, dont je viens de parler, le Roi envoie tels Gouverneurs qu'il lui plaît à la Caroline; & le commerce des habitans y eft devenu fi confidérable, qu'il part tous les ans de *Charles-town* plus de trois cens vaiffeaux chargés de ris, de goudron, de peaux, de bois, & d'autres denrées du produit du païs, presque tous pour l'Angleterre. Ils font un commerce très profitable avec les Indiens, auxquels, en échange de leurs pelleteries, ils donnent de la poudre, du plomb, des ouvrages de fer, des liqueurs, &c. On ne compte pas moins de 50 mille Négres dans la Caroline; mais les ouvriers y font rares, quoiqu'on les paie graffement, & que les provifions y foient à très grand marché. On eft obligé de payer à un prix exhorbitant des marchandifes d'Europe, qu'on auroit à grand marché dans le païs, s'il y avoit affez d'artifans.

Les deux principaux peuples Indiens, leurs voifins, font les *Creeks* & les *Cherakees*, qui, avec les *Catawbas* & les *Chicafaws*, tous étroitement attachés à la Caroline, plus nombreux que tous les Indiens enfemble, alliés des Anglois, fervent de puiffante barrière contre les François & les Efpagnols.

Les

Les naturels du païs ne sont point si sauvages,
que ceux de quelques autres païs de l'Amérique. Ils
sont de la couleur du cuivre luisant, & se frotent
la peau d'huile d'Ours. Ils sont grands, droits &
bien faits. Ils sont ordinairement nuds, & ne se
couvrent que le milieu du corps. Ils sont si jaloux de leur chévelure, que pour rien au monde
ils ne voudroient la perdre. De là vient, sans
doute, que lorsqu'ils prennent leurs ennemis, ils
leur arrachent la peau de la tête avec la chévelure, & la montrent, comme la plus grande mar-
que de leur bravoure & de leur victoire. La chasse
& la pêche sont leur occupation favorite. Ils cultivent pourtant les terres, mais ils n'en sément que
pour leur provision de quatre ou cinq mois, sans
songer plus loin; & ils se moquent des Anglois,
de ce qu'ils prennent tant de soin de l'avenir. Ils
n'entreprennent rien sans un Conseil général, com-
posé des Chefs & des Conseillers, ou Anciens des
Cantons qui s'assemblent tous les matins.

On divise ce païs en *Caroline septentrionale* & en
Caroline méridionale : chacune a son Gouverneur,
& est subdivisée en comtés, & en un certain nombre de paroisses.

Les principales rivières qui l'arrosent, sont, du
Sud au Nord, la *Savannah*, l'*Edisto*, l'*Ashley*, le *Cooper*, la *Pedée*, le *Cap-Fear*, le *Neus*, la *Koanoke*, la *San-
te* & la *Clarendon*.

La petite riviére qui est à 30 milles au S. Ou. de

Cap Fear, fépare à l'E., la Nord-Caroline de la
Sud Caroline.

Le *Cap Fear*, au milieu de la province, eft l'endroit, qui en fait le partage en Nord & en Sud.

* CHARLES-TOWN, à 32 degrés & 45 m. de latit.
feptentr., capitale de la province, eft bâtie à 6
milles de la mer, au confluent des rivières Cooper
& Ashley. C'eft le feul port libre qu'il y ait : on
y porte prefque tout le produit de la province. Il
s'y fait un commerce très confidérable. La ville
n'a pas plus de 600 à 700 maifons, à trois étages,
la plupart bâties de briques. On y voit plufieurs
édifices publics très bien bâtis. L'Eglife de St.
Philippe eft la plus belle de toute l'Amérique du
Nord. Le Gouverneur y réfide; l'Affemblée & les
Cours de Juftice s'y tiennent; toutes les affaires de
la province s'y font. La barre qu'il y a devant
Charles-town, empêche les vaiffeaux, au deffus de
200 tonneaux, d'y entrer. Cette ville a beaucoup
fouffert de l'ouragan, & de l'inondation qu'il y eut
en 1752. Aujourd'hui, elle eft entourée de forti-
fications, & le port eft défendu par le Fort de
Johnfton. Il y a deux autres bons ports; *Beau-
fort-town*, dans l'île de Port-royal, & *George-town*,
à Winyew : mais presque tout fe porte à Charles-
town, qui eft le centre du commerce.

LA GEORGIE.

La Georgie, enclavée dans la Caroline méridionale, eſt entre la rivière *Savannah* au Nord, la
rivière *Alatamaha* au Sud; la mer du Nord à l'Eſt,
& le Miſſiſſipi à l'Oueſt: ſuivant la chartre, elle
s'étend comme la Caroline & la Virginie, juſqu'à
la mer du Sud.

Elle eſt ſituée entre les 31 & les 32 degrés & $\frac{1}{2}$
de latit. ſeptentr. En 1732. elle fut ſéparée de la
Caroline méridionale, & l'on entreprit d'y établir
une colonie ſous la direction d'un certain nombre
de *Fidei Commiſſaires*, qui en eurent un bail pour
21 ans, à laquelle on a donné le nom de *Georgie*,
en l'honneur du Roi George II. Mr. le Général
Oglethorp y accompagna les premiers colons. On
publia en même tems une belle deſcription du païs :
le Parlement accorda des ſommes conſidérables,
qui jointes aux dons de pluſieurs particuliers, ſem-
bloient devoir affermir cet établiſſement ; mais malgré les éloges qu'on en a faits, & la généroſité
dont on a uſé envers les colons, la déſertion a été
ſi grande, que ſi elle ne fut rentrée ſous le Gouvernement immédiat du Roi, comme le ſont les
autres colonies, elle auroit dejà été entiérement a-
bandonnée. Elle produit les mêmes choſes que la
Caroline. Il y a une fabrique à Savannah, capitale de la province. Voyez *True & Hiſtorical Nar-
rative of the Colony of Georgia.* Elle eſt auſſi im-

por-

portante au Sud que la Nouvelle Ecoſſe l'eſt au Nord, pour la ſûreté des colonies qui ſont entre deux. Voyez *British Empire in America* , tome I. , & *Hiſtoire du commerce & des Colonies Angloiſes.*

LA
NOUVELLE FRANCE.

LA Nouvelle France eſt ce grand païs , entre les Terres inconnues & la Nouvelle Bretagne au Nord, les Poſſeſſions Angloiſes à l'Eſt, le golfe du Méxique au Sud, le Nouveau Méxique & les Terres inconnues à l'Oueſt.

Sa diviſion eſt en partie ſeptentrionale, appellée le *Canada* ; & en partie méridionale , appellée la *Louïſiane* ; mais les prétentions que forment les Anglois ſur cette dernière partie , ne permettent point qu'il y aît de jonction, ou de communication entre elles.

Le CANADA.

Le Canada eſt à l'Oueſt de la Nouvelle Ecoſſe , & au Nord de la Nouvelle Angleterre, de la Nouvelle York, & des cinq grands lacs. Ce païs fut découvert, en 1504, par des Bretons & des Normans : ce fut après la découverte qu'en fit *Cabot* pour Henri VII. Roi d'Angleterre en 1497. Vingt ans après, François I. envoya *Jean Verrazan*,

Flo-

Florentin, qui en prit poſſeſſion au nom de ce Prince, & lui donna le nom de *Nouvelle France*. Verrazan y fut pris & mangé par les ſauvages. Quoique cette contrée ſoit ſituée au milieu de la zone tempérée, l'air en eſt fort froid : les forêts & le grand nombre de lacs en ſont la cauſe, auſſi bien que les brouillards & les neiges, qui y durent depuis Novembre, juſqu'en Avril. On y trouve quelques mines de fer & de cuivre, & diverſes eſpéces d'animaux; comme des ours, des élans, des cerfs, des loutres, des martres, & des caſtors, qui, avec le bois & la pêche, font la plus grande richeſſe du païs. Pour aller au Canada, & pour en ſoſtir, les vaiſſeaux paſſent entre l'île de Terre-neuve & celle du Cap-Breton. Cette dernière eſt ſi importante aux François, que de ſa conſervation dépend celle du Canada & du commerce qu'ils font dans ces deux endroits.

Le Canada & les environs ſont habités par un grand nombre de nations, qui ont chacune leur langue. Ils ſont en général droits, bien faits, vigoureux, de couleur olivâtre. A la reſerve des cheveux, que tous ont fort noirs, des cils & des ſourcils, que quelques uns même s'arrachent, ils n'ont pas un poil ſur tout le corps, & preſque tous les Américains ſont dans le même cas. Il eſt rare de voir parmi eux des boiteux, des borgnes, des boſſus, des aveugles, des muets, &c. Les vieillards & les hommes mariés ſe couvrent le milieu du corps, au lieu que les jeunes gens ſont nuds comme la main, pendant l'Eté. Le païs n'eſt

D 4

pas

pas fi peuplé qu'il étoit autrefois: les guerres en font en partie caufè, & il eft auffi très probable qu'il s'en eft retiré un grand nombre dans les païs inconnus. Ces fauvages ne connoiffent point la propriété perfonnelle, qui occafionne tant de dif-férens parmi les autres hommes, & ce qui eft à l'un, appartient également à l'autre. Lorfqu'un Indien n'a pas réuffi à la chaffe, fes confrères le fecourent fans en être priés. Si fon fufil fe cré-ve, ou fe caffe, chacun s'empreffe à lui en offrir un autre, &c. La plûpart ne connoiffent point l'argent: il n'y a que ceux qui demeurent aux por-tes des villes, qui en faffent ufage; les autres ne veulent ni le manier, ni le voir. Ils l'appellent le *ferpent des François.* Ils difent qu'on fe tue, qu'on fe pille, qu'on fe diffame, qu'on fe vend & qu'on fe trahit parmi les Chrétiens, pour de l'argent. Ils trouvent étrange que les uns aient plus de bien que les autres, & que ceux qui en ont plus, foient efti-més davantage que ceux qui en ont moins. Les guerriers n'entreprennent jamais rien fans délibéra-tion du Confeil, qui eft compofé de tous les an-ciens de la nation. La vieilleffe eft fort honorée parmi eux.

Ces peuples font féroces, quoique dans le fonds leur humeur foit affez traitable. Quand on dé-couvrit le Canada, ils étoient tous anthropopha-ges, fi on peut s'en raporter à ce que racontent les premiers voyageurs. Aujourd'hui on ne voit point d'exemple de cette barbarie: mais ils traitent en-core d'une maniére cruelle les prifonniers qu'ils

font

font en guerre. Les caufes de leurs guerres ne font fouvent que caprice. Un rève, la mort quoique naturelle, d'un enfant chéri, fuffifent pour attaquer une nation, qui ne fonge à rien; & une guerre, une fois commencée, ne finit point. Ils font extrémement portés à la vangeance. Ils vivent, pour la plûpart, fans religion & fans loix. Les Miffionnaires François en ont converti quelques uns.

La rivière *St. Laurent*, ou *Canada*, eft la principale de toutes. Elle fort, difent les auteurs François, du lac des Hurons, traverfe ceux d'Erié & d'Ontario, & va fe décharger dans le golfe de St. Laurent: ils lui donnent 800 lieues de long. Elle ne commence proprement qu'à Montréal, ou tout au plus au lac Ontario. On y trouve plufieurs fauts, ou cataractes, qui en rendent la navigation impoffible jufqu'à Québec. La plus grande des cataractes eft celle de *Niagara*, entre les lacs d'Erié & de Frontenac, ou d'Ontario. On en entend le bruit à plus de dix lieues de diftance.

Les principaux lacs, entre le Canada & la Louïfiane, font ceux de *Traci*, ou lac *Supérieur*; des *Illinois*, des *Hurons*, d'*Erié*, & d'*Ontario*, ou de *Frontenac*. Le lac Supérieur eft peu navigable, à caufe des écueils qu'il y a, & de la rapidité de fes eaux. Ce lac & celui des Illinois fe déchargent dans celui des Hurons; celui des Hurons tombe dans celui d'Erié, & ce dernier fe perd dans celui d'Ontario.

D 5

Les

Les endroits les plus remarquables du Canada font, dans le Saguenay, *Montréal* au S., les *Trois-rivières* au N., *Québec* au N. E., *Tadouffac* au N., fur la rivière St. Laurent.

Montréal, ou *Ville-Marie*, eft une ville dans l'île de même nom, fur la rivière St. Laurent. Elle eft fortifiée & très commerçante, furtout en peaux de caftors & d'ours.

Les *Trois-rivieres*, au N., fur la rivière St. Laurent, eft une autre petite ville.

* QUE'BEÇ, au N. E., à 47 degrés de latitude feptentrionale, fur la même rivière, eft la capitale de tout le Canada, & en particulier du *Saguenay*. La ville eft médiocrement grande, & eft divifée en haute & en baffe. La haute eft fur un rocher, & la baffe fur la rivière, qui y forme un port vafte & profond. Elle eft fort peuplée, bien bâtie, & défendue par une citadelle, où le Gouverneur du Canada réfide. Il y a un Confeil fouverain, plufieurs maifons religieufes, & un affez beau collége de Jéfuites.

Tadouffac, au N., à l'embouchure du Saguenay & de la R. St. Laurent, eft la feconde ville du Canada. Son port eft bon. Voyez les *Voyages du* Baron de Lahontan, *de* Du Mont, *de* Charlevoix, *&c.*

On trouve dans une nouvelle Carte, dreffée par Mr. *Buache*, fur les Mémoires de Mr. Delisle,

Pro-

Profeſſeur Royal & de l'Académie des Sciences, publiée en 1750; on y trouve, dis-je, une fort grande mer au Nord-Oueſt du Canada, appellée la *mer*, ou *baie de l'Oueſt*. On trouve de plus au Septentrion de cette baie, des mers, des rivières & des lacs, qui n'ont paru dans aucune de celles qu'on a publiées ci-devant; & qui ſe trouvent ſéparés de la baie de Hudſon par des terres & des montagnes d'une hauteur prodigieuſe. Si la Carte eſt fidelle, en vain les Anglois chercheront un paſſage aux Indes Orientales, par le Nord-Oueſt de cette baie.

La LOUISIANE.

La Louïſiane eſt la partie méridionale de la Nouvelle France. C'eſt proprement le païs, qui eſt vers l'embouchure du Miſſiſſipi, compris entre le Cap du Nord à l'Oueſt, la Baie & la R. de Mobile à l'Eſt, le G. du Mexique au Sud, & une certaine étendue de terre le long de la R. Miſſiſſipi. Les François l'étendent à l'Orient, juſqu'à la Penſilvanie, & y comprennent tout ce païs qui eſt arroſé par la riviére *Ohio*, ceux qu'habitent les *Chicaſaws* & les *Chactaws*, & partie de ceux des *Creeks* & des *Cherakees*; & à l'Occident juſqu'aux païs des *Padoucas*, des *Panis* & au Nord, juſqu'à celui des *Sioux*, & au lac Supérieur.

Le climat y eſt à peu près le même que celui de la Caroline. Les forêts couvrent preſque tout ce

grand

grand païs. Il eſt arroſé d'un grand nombre de rivières: il y en a qui ſe débordent en certaines ſai-
ſons, & qui le rendent fort fertile. Il y a des endroits où l'on fait trois recoltes. On y trouve du
coton, une gomme d'un parfum exquis, quantité
de bétail & de gibier, & généralement tout ce qui
qui eſt néceſſaire à la vie. Nonobſtant toutes ces
bonnes choſes, la Louïſiane eſt mal habitée, & on
ne s'empreſſe guère à s'y aller établir. La plûpart
de ceux qui l'habitent ſont fort pauvres. Les François y envoient leurs vagabonds & nombre de cri-
minels, comme les Anglois envoient les leurs dans
les colonies de la Virginie & du Maryland.

On a donné le nom de *Louïſiane* à ce païs en
l'honneur de Louïs XIV, ſous le régne duquel il
a été découvert par Mr. de la Salle; & celui de
Miſſiſſipi, de la rivière de ce nom. Les Anglois
& les Eſpagnols en avoient déja fait la découverte avant celui-ci. La Compagnie des Indes en a
été en poſſeſſion; mais en 1730. elle le remit au
Roi. Pluſieurs fois les Proteſtans de France ont
demandé la permiſſion de s'y aller établir, & toutes les fois on la leur a refuſée. L'Amiral de Co-
ligni avoit une fois projetté de s'y retirer.

A l'Oueſt des Chicaſaws eſt le païs des *Alkanſas*, le plus propre de toute la Louïſiane, après
celui des Illinois, à produire toute ſorte de grains
& à nourrir des beſtiaux: c'étoit là où étoit la
conceſſion du fameux Mr. *Law.* Les Alkanſas
paſſent pour être les plus grands & les mieux faits
de tous les ſauvages, & on les appelle par diſtinction

tion les *beaux hommes.* Les François y ont deux Forts fur la rivière Miffiffipi, à 25 lieues l'un de l'autre.

La rivière *Miffiffipi*, ou *St. Louis*, eft une des plus grandes du Monde. On y trouve une grande quantité de goulus & d'autres animaux amphibies. Elle a fon cours du Nord au Sud: on lui donne 650 lieues. Sa fource eft inconnue. Les François entrent à préfent dans cette rivière, par un chemin plus fûr & plus court, qui eft le lac *Pontchartrain*; & ainfi ils évitent les dangers, qu'ils couroient auparavant, en y entrant par les embouchures méridionales.

Les principaux lieux de la Louïfane font

  o *Ft. Rofalie.*

    o *Ft. Mobile,*
     ou *Condé.*

  †
  o N. Orléans.

    o *Ft. de Balife.*

Les François ont encore deux Forts, au Nord de Mobile ; *Albama*, ou *Touloufe*, fur la rivière Albama ; & *Tombeche* à l'Oueft, fur la rivière *Chicafaw.*

Les autres Forts qu'ils ont dans la Louïfiane font à l'Oueft de la rivière Miffiffipi: il y en a un dans une île formée par la rivière *Rouge*; ceux
        d'*Al-*

d'*Alkanſa* & de *Kappa* ſont ſur la rivière Miſſiſſipi, dans le païs des Alkanſas; *Fort Chartres* eſt plus haut à l'Eſt, & un autre un peu plus haut, ſur la même rivière. *Ft. Orléans* au N. Ou. ſur la rivière *Miſſouri*, *Ft. Rocher*, ſur la rivière des *Illinois*; *Ft. Lullier*, à 4 degrés de ce dernier, au Nord-Oueſt, près de la rivière *St. Pierre*; *Ft. Le Sueur* à l'E: ſur le Miſſiſſipi, & le *Ft. Sakis* ſur la rivière des *Puans*, à l'Ou. du lac Michigan.

Païs que les Anglois reclament, & qui leur ſont diſputés par les François, &c.

CEs païs ſont d'une vaſte étendue: ils ſont compris entre le Canada au Nord, le lac Michigan, ou des Illinois, la rivière des Illinois, la rivière Miſſiſſipi à l'Oueſt; la baie du Méxique au Sud, & les colonies Angloiſes à l'Eſt: on les découvre d'un coup d'œil dans ma Carte des Poſſeſſions Angloiſes & Françoiſes de l'Amérique Septentrionale.

Les Anglois fondent leurs droits ſur ces païs, en vertu des Traités & des contra... faits avec les principaux peuples qui les habitent, par leſquels ils en ont aquis la propriété & la ſouveraineté. Voyez *British Empire in America*, Douglaſs's *British Settlements in North-America*, Colden's *Hiſtory of the Five Indian Nations*, le *Préſent State of North-America*, la belle Carte des *English & French Dominions in North-America*, par le Dr. *Mitchell*,

&

*Païs que les Anglois reclament, & qui leur font
disputés par les François, &c.*

& ce que j'ai dit à page 1104. de ma Géographie.

Les *Iroquois* font les plus belliqueux & les plus redoutables des nations de l'Amérique : j'en ai parlé à la description de la Penfilvanie ; à laquelle je renvoie le Lecteur. Ceux qui font au de-là du lac Ontario & de la rivière St. Laurent, je les appelle Iroquois du Nord, parcequ'ils habitent au Nord des autres, & qu'ils font du parti des François. Les cinq nations les regardent comme des déferteurs & des renégats. Autour du lac Ontario font quatre Forts ; ceux de *Frontenac*, de *Toronto*, & de *Niagara* ou de *Dénonville* aux François ; & celui d'*Oswégo* aux Anglois.

Les anciens *Hurons* habitoient le païs, ou la presqu'île que forment les lacs Huron, Erié & Ontario. Ils étoient fort puiffans. Les Iroquois, ou fix nations Iroquoifes dans le parti des Anglois, les ont prefque tous détruits dans les guerres qu'ils ont eues avec eux : il n'en refte que peu aujourd'hui. Les Hurons paffent pour les plus fpirituels des fauvages. Leur païs eft une autre conquête des Iroquois, dont ils font en poffeffion depuis l'an 1650.

Les *Algonquins* font les reftes d'un peuple diftingué, qui habitoit autrefois à cent lieues au deffus des Trois - rivières. Ils fe font refugiés entre

le

le lac Ontario & celui des Hurons, depuis que
les Iroquois les battirent & en détruifirent les trois
quarts. La langue des Algonquins eft fort eftiméc
dans le Canada , parceque toutes les nations qui
habitent à mille lieues à la ronde, à la referve des
Iroquois & des Hurons, l'entendent parfaitement.

Les *Meffafagues*, au **N. E.** du lac des Hurons,
ont été conquis par les Iroquois, auxquels ils font
préfentement unis, & font la huitiéme nation de
cette ligue.

Les *Riages*, ou *Nicariages*, entre les lacs Huron & Michigan, font des peuples conquis par
les mêmes Iroquois. Ils font unis aux fix nations,
& font la feptiéme de la ligue. Au Nord de leur
païs les François ont le Fort de *St. Ignace* & au
Sud le Fort de *St. Jofeph* fur la rivière, & celui
de *Pontchartrain* fur le Détroit.

Les *Quadoghes*, au Sud du lac Michigan, ainfi
appellés par les fix nations, font des peuples dont
les terres ont été vendues au Roi d'Angleterre,
en 1701, & dont la vente a été confirmée en 1726
& 1744.

A l'Oueft & à l'Eft du Fort *Sandoski*, au Sud du
lac Erié, eft un païs excellent pour la chaffe &
qui fournit beaucoup de fel: c'eft le rendez-vous
des chaffeurs, des guerriers & de ceux des fix nations qui vont à la traite. Au Sud-Oueft du même lac eft un Fort François: dans le païs des *Se-
nekaas* il y en a deux ; & fur l'Ohio, au Sud de
ces

ces derniers, eſt le Fort du *Quesne*, auſſi aux François.

Le païs, qui eſt entre les monts Apalaches, le
lac Erié & le Miſſiſſipi, eſt arroſé de trois rivières
remarquables, l'*Obio*, l'*Allegany*, ou la *Belle-ri-
vière*, l'*Ouabache*, ou la rivière de *St. Jérome*, &
celle des *Illinois*.

L'*Obio* eſt une grande rivière, qui a ſes ſources
dans le païs des Iroquois, au N. E. du lac Erié;
elle a plus de 800 milles de cours, & ſe décharge
dans le Miſſiſſipi. Elle arroſe les plus beaux & les
plus fertiles païs du Monde. Ce ſont de vaſtes
prairies bien arroſées, où les bœufs ſauvages paiſ-
ſent par milliers. Pluſieurs peuples que les Iroquois ont totalement détruits, en habitoient autrefois les environs. Les *Obios*, ou *Indiens de la rivière
Obio*, ſont une tribu, compoſée de divers Indiens
des colonies Angloiſes, toûjours alliés & dépen-
dans des Anglois : les *Delawares* & les *Shawanoes*
y ſont les plus conſidérables.

L'*Ouabache*, ou rivière *St. Jérome*, a ſa ſource
à l'Oueſt du lac d'Erié, & coulant du N. E. au
S. Ou., va ſe perdre dans l'Ohio. Au confluent
de ces deux rivières eſt un Fort que les François
y ont bâti, & où ils ont une bonne garniſon, pour
y tenir en bride les Chérakees, aujourd'hui très
puiſſans. Les Indiens qui habitent le païs, arroſé de cette rivière, ſont les *Twightwies*, ou *Miamis*, nation puiſſante & nombreuſe, fidelle obſer-
vatrice du Traité d'alliance qu'elle a fait avec les

E

An-

Anglois. A l'Oueſt ſur le Miſſiſſipi, les François ont le Fort *Chartres.*

La rivière des *Illinois* a ſa ſource près du S. Ou. du lac Michigan, ou Illinois, & ſe perd dans le Miſſiſſipi. Elle donne ſon nom à un peuple qui habite le Sud & l'Ouest du lac de même nom. Ces Indiens vivent en ſociété dans de grands villages, cultivent du blé d'Inde, recueillent quelques fruits des arbres qui croiſſent dans leur païs, ſans en prendre le moindre ſoin, & pourvoient au reſte de leur entretien par la pêche & par la chaſſe. Ils ſont, dit-on, aſſez doux, fort alertes, bien faits & grands voleurs. Cependant le Pére Charlevoix dit qu'ils ne ſont pas moins cruels que les Iroquois. Les François ont ſur cette rivière le Fort des *Miamis.*

Les *Cherakees* ſont la plus nombreuſe nation de ce continent. Ils habitent ce grand païs, entre les monts Apalaches, les Chicaſaws, le Miſſiſſipi & l'Ohio : depuis 1730, ils ſont ſujets du Roi d'Angleterre. Leur Empereur envoya ſix députés à ſa préſente Majeſté le Roi George II. pour lui faire hommage de ſa couronne & de leurs terres ; & ils conclurent un Traité d'amitié & de commerce, qui a été confirmé par divers autres depuis ce tems-là. Les Anglois ont des factoreries dans tous leurs villages.

Les *Creeks* habitent au Sud-Ouest des Cherakees. Cette nation eſt auſſi fort puiſſante, & s'eſt ſoumiſe aux Anglois depuis 1733. Ils ont
fai

fait divers Traités de paix, d'alliance & de commerce avec la province de Sud-Caroline. Les Anglois ont des factoreries & des établiffemens dans tous les lieux notables des Creeks.

Le *Fort Touloufe*, ou *Albamas*, fut pris par les François l'an 1715, quoiqu'établi par les Anglois 28 ans auparavant.

Les *Chactaws*, à l'Eft du Miffiffipi, font puiffans, & amis des François.

Les *Nauchees*, vers l'embouchure du Miffiffipi, avoient une forme de gouvernement tout à fait defpotique. Ils faifoient rarement la guerre, & ne mettoient point leur gloire à détruire les hommes: ils ont été détruits par les François en 1730. Le Fort *Rofalie* eft fur la rive orientale du Miffiffipi.

Les *Chicafaws*, au Nord des Chactaws, font alliés & fujets des Anglois, qui ont des factoreries fur leurs terres.

On trouve, tant dans ces païs conteftés par les François, qu'au milieu des colonies Angloifes, plus de vingt Forts, que les Anglois leur reprochent d'avoir ufurpés fur eux, ou bâtis depuis le Traité d'Utrecht, pour interrompre leur commerce; contrevenant par là à l'article XV de ce Traité, où il eft dit que les fujets & les amis des deux nations *jouïront d'une pleine liberté de fe fréquenter pour le bien réciproque de leur commerce.* J'ai par-

lé de chacun de ces Forts dans la defcription particulière des lieux où ils font fitués; & fur la Carte
on les trouve marqués d'un cercle rouge.

L'île de TERRENEUVE.

Cette île eft à l'Eft du golfe de St. Laurent. Le
détroit de *Belle-île* la fépare, au Nord, de la
Nouvelle Bretagne, ou du Païs des Efquimaux.
Sébaftien Cabot, envoyé par Henri VII, Roi d'Angleterre, la reconnut en 1497, & la nomma *Terre
des morues*, à caufe de ces poiffons, que l'on pêche près de fes côtes. Les Anglois & les François
y ont été établis. Les premiers en font en poffeffion depuis 1713, en vertu du Traité d'Utrecht,
en permettant aux François d'y pêcher la morue &
de l'y fécher, depuis le cap *Bonavifta* à l'E., jufqu'au cap *Rich* au N. Ou. Les habitans naturels
de cette île font fauvages comme les Canadiens.
On n'en connoît que les côtes, fur lès bords def-
quelles on féche la morue. Les principales baies
qu'il y a dans la partie méridionale, font celles de
La Trinité, de la *Conception*, & de *Plaifance*. Le
havre de *St. Jean* au S. E., eft un pofte important, que les Anglois ont fortifié.

Le *grand Banc* de Terreneuve eft à 60 lieues à
l'Eft de l'île de Terreneuve. C'eft proprement,
dit le *Pére Charlevoix*, une vafte montagne cachée
fous l'eau, qui a environ 200 lieues de long. Il
n'eft appellé *banc*, qu'à caufe du peu de profon-
deur

deur qu'il y a, par rapport aux autres endroits de cette mer, qui est extrémement profonde. Il est toûjours couvert de 20, à 25 brasses d'eau; de sorte que les vaisseaux y peuvent floter sans danger : ce qui le distingue des autres bancs. On y voit tous les ans 4, à 500 vaisseaux de presque toutes les nations de l'Europe, sur-tout des Hollandois, des Anglois, & des François, pour la pêche de la morue & de la baleine. Les morues y sont si abondantes, qu'elles embarrassent quelquefois les vaisseaux. Un bon pêcheur en prend jusqu'à 400 par jour, quoique cette pêche ne se fasse qu'avec des lignes. On dit que le fond du banc est couvert de coquillages & de petits poissons dont les morues se nourrissent. La pêche de la morue se fait depuis le commencement d'Avril, jusqu'à la fin d'Octobre. L'Hiver, ce poisson se retire du banc. Au S. E. du grand banc en est un autre moins grand, qu'on appelle le *petit banc.*

L'île de Cap-Breton, ou l'île Royale,

est située au Nord-Est de l'Acadie, entre les 45 & 47 degrés de latitude septentrionale, à environ 20 lieues de l'île de Terreneuve, avec laquelle elle forme l'entrée du golfe de St. Laurent. Elle n'est séparée de l'Acadie, que par un fort petit détroit, appellé par les François *Passage de Fronsac.* Sa figure est fort irrégulière, & elle est coupée par beaucoup de lacs & de rivières. Les brouillards y sont fréquens & épais, & le froid y est fort piquant. Les terres n'y sont pas bonnes; cependant elles produisent les choses nécessaires à la vie. On

y trouve des chênes, des pins propres pour la mâture, & toute forte de bois de charpente. Il y a
des mines de charbon &c. Voy: Charlevoix. On
prétend qu'il n'y a aucun endroit au Monde, où
l'on puiſſe pêcher plus de morues, & où l'on aît
plus de commodités pour la faire fécher. Cette île
étoit une des dépendances de la Nouvelle Ecoſſe,
comme on le peut voir par la Patente de Jaques I.
La Reine Anne inſiſta fort, au Traité d'Utrecht,
ſur ſa reſtitution ; cependant les François eurent
l'adreſſe de la conſerver. Elle eſt la clé du Canada, & ſi les Anglois ne l'euſſent pas rendue en
1748, par la Paix d'Aix-la-Chapelle, pas un vaiſſeau François n'eut pû aller au Canada, ni en ſor-
tir, en tems de guerre, ſans danger d'être pris.
On jugera encore mieux de ſon importance, ſi on
ſe donne la peine de lire ce qu'en dit le Pére
Charlevoix dans ſa deſcription de la Nouvelle
France.

* *Louïsbourg*, autrement, le *Havre à l'Anglois*,
en eſt le principal endroit: c'eſt un des plus beaux
havres de l'Amérique. La ville eſt petite, mais
bien bâtie & bien fortifiée, & l'entrée du havre eſt
défendue de tous les côtés par des batteries de canon. Les Anglois l'attaquèrent en 1746. On em-
ploya dans cette expédition 4000 hommes de terre
des plus braves de la Nouvelle Angleterre, com-
mandés par Mr. le Général *Pepperel* & Mr. le Brigadier-Général *Waldo*. Ce dernier fit le premier
l'attaque par terre; & quoique la place fut défendue par 166 piéces de gros canons, & beaucoup de
gros mortiers qui faiſoient un feu d'enfer ſur les
An-

Anglois, ils l'attaquèrent avec tant d'intrépidité, qu'elle se rendit au bout de 49 jours.

L'île de SABLE est au Sud-Est de l'île de Cap-Breton. Les François s'y étoient établis, mais ils l'ont abandonnée, parcequ'elle manque d'eau douce.

L'île de St. JEAN est à l'Ouest de l'île de Cap-Breton, & est la moitié moins grande que cette dernière : elle appartient aux François. Toutes deux dépendoient autrefois de la Nouvelle Ecosse, & étoient comprises dans la chartre du Comte de Sterling.

L'île d'ANTICOSTI est située à l'embouchure de la rivière St. Laurent. Les François y ont le Port aux ours, le meilleur de l'île.

Les îles BERMUDES, ou de SUMMER.

Ces îles font à $32\frac{1}{2}$ degrés de latitude septentrionale, à près de 300 lieues à l'Orient de la Caroline. *Jean Bermude*, Espagnol, en fit la première découverte, au commencement du 16me siécle. Le Chevalier *George Summer* y fut porté par la violence des vents ; depuis cela, les Anglois s'y font établis, & en font restés possesseurs. Elles font en grand nombre, & la plûpart si petites & si stériles, que ni les Espagnols, ni les François n'ont voulu les habiter. La plus grande est celle où l'on a bâti la ville de *St. George*, dont

elle

elle porte le nom. Son principal produit eſt le tabac , fort inférieur en bonté à celui du Continent ,
le blé d'inde , d'excellens fruits, & le bois pour
la conſtruction des vaiſſeaux & des maiſons.

L'air n'y eſt plus ſi pur qu'il l'a été autrefois.
Les animaux vénimeux ne peuvent naître, ni vi-
vre dans ces îles. Il y a des tortues d'une groſſeur
prodigieuſe. Ces îles ſont environnées de rochers,
qui en rendent l'abord dangereux. Elles ont été
ſi fatales aux Eſpagnols , qu'ils les nommérent
Los Diablos , les Diables. Elles ſont fort expo-
ſées aux tonnerres & aux tempêtes. Leur plus
grande incommodité eſt le manque d'eau douce ;
car il n'y a ni ruiſſeaux , ni fontaines. On y a
creuſé des puits pour y conſerver l'eau de pluie.
Le Roi d'Angleterre en nomme le Gouverneur &
ceux qui compoſent le Conſeil : mais les habitans choiſiſſent les repréſentatifs, ou députés de
leur Aſſemblée.

F I N.

www.ingramcontent.com/pod-product-compliance
Lightning Source LLC
LaVergne TN
LVHW021135200726

843510LV00001B/103